DÉCOUVRIR LE BAS-SAINT-LAURENT

NATHALIE LE COZ

DÉCOUVRIR
LE BAS-SAINT-LAURENT

Nature et Culture

FIDES

L'auteur remercie ces organismes qui ont donné leur appui à l'élaboration de l'ouvrage :

Première de couv. • Photo principale : Île-Verte ; © Paul G. Adam/Publiphoto
Première de couv. • Dernière photo du bas : Parc-du-Bic ; © Yves Marcoux/Publiphoto
Quatrième de couv. • Photo de droite en haut : Village du Bic ; © Yves Derome/Publiphoto

Direction éditoriale : Guylaine Girard
Direction artistique : Gianni Caccia
Direction de la production : Carole Ouimet
Traitement des photos et infographie : Bruno Lamoureux

Catalogage avant publication de Bibliothèque et Archives nationales du Québec et Bibliothèque et Archives Canada

Le Coz, Nathalie, 1957-
Découvrir le Bas-Saint-Laurent: nature et culture

ISBN 978-2-7621-2786-7

1. Bas-Saint-Laurent (Québec) — Guides. 2. Bas-Saint-Laurent (Québec) — Vie intellectuelle — 21ᵉ siècle.
3. Bas-Saint-Laurent (Québec) — Ouvrages illustrés. I. Titre.
FC2945.B36A3 2007   917.14'76045   C2007-940677-7

Dépôt légal: 2ᵉ trimestre 2007
Bibliothèque et Archives nationales du Québec
© Éditions Fides, 2007

Les Éditions Fides reconnaissent l'aide financière du Gouvernement du Canada par l'entremise
du Programme d'aide au développement de l'industrie de l'édition (PADIÉ) pour leurs activités d'édition.

Les Éditions Fides remercient de leur soutien financier le Conseil des Arts du Canada et la Société
de développement des entreprises culturelles du Québec (SODEC).

Les Éditions Fides bénéficient du Programme de crédit d'impôt pour l'édition de livres
du Gouvernement du Québec, géré par la SODEC.

IMPRIMÉ AU CANADA EN MAI 2007

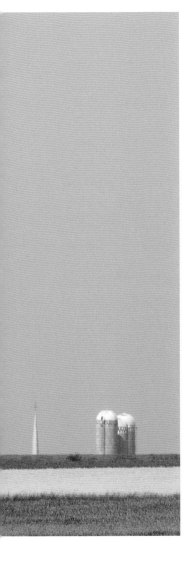

SOMMAIRE

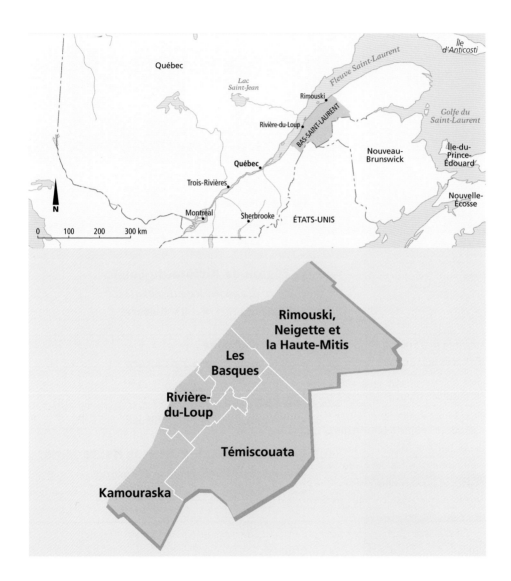

AU BAS-SAINT-LAURENT, le fleuve offre un spectacle perpétuel à tous, que chacun intériorise. Vous y verrez souvent des gens prendre quelques minutes au quai, sur la galerie, par la fenêtre, pour regarder le coucher du soleil sur l'autre rive du fleuve qui embrase tout le paysage. Le fleuve n'y est pas tant nourricier, comme en Gaspésie par exemple, que source spirituelle. Même dans la littérature, on prend rarement la mer. On la contemple. Difficile à naviguer et d'humeur changeante, conjuguant courants et marées, on n'aborde le fleuve qu'avec respect. Il inspire maints artistes à l'horizontalité des plans picturaux. Bordé de l'imposante frange montagneuse de la rive de Charlevoix, en face, le fleuve marque l'identité des Bas-Laurentiens.

C'est à la découverte de ce magnifique coin de pays que vous convie ce guide.

Quelques aspects pratiques du guide

Divisé en cinq chapitres correspondant aux régions qui forment le Bas-Saint-Laurent touristique, ce guide suggère qu'on aborde ces régions sous deux angles : leur vie culturelle et les multiples rendez-vous avec la pleine nature. Côté nature, disons sans ambages que le Bas-Saint-Laurent est un paradis de la marche et du kayak de mer. Le vélo y est aussi fort apprécié. Mais bien d'autres activités, même contemplatives, rendront le promeneur heureux. Une vingtaine de sorties en plein air par chapitre conduisent au cœur du territoire, révèlent l'intimité d'une grève avec le fleuve, l'entrée

Village du Bic
Photo : Yves Derome
Publiphoto

discrète d'un sentier, un chemin cyclable qui traverse la campagne. Des «événements et activités organisées» vous aideront à découvrir un lieu, une activité sportive, encadrée ou en groupe. Sous la rubrique «sorties rafraîchissantes et randonnées pour tous», les suggestions vont d'une aire de pique-nique ou d'observation des oiseaux à la balade plus ou moins difficile à pied, en vélo ou en embarcation en eau calme. Enfin, les sorties «à l'aventure!» satisferont les amateurs de longues randonnées, de sports d'eau vive, d'expéditions de kayak de mer, de balades insolites, hiver comme été en autonomie complète. Sauf rares indications contraires, les «sorties rafraîchissantes et randonnées pour tous» et «à l'aventure!» n'entraînent aucun déboursé. Des cartes en début de chapitre vous aideront à repérer les sorties *Nature*. On conseille toutefois aux plus aventuriers de se procurer une carte plus détaillée.

Le Bas-Saint-Laurent est un paradis de la marche et du kayak de mer. Le vélo y est aussi fort apprécié. Mais bien d'autres activités, même contemplatives, rendront le promeneur heureux.

Les «événements culturels» et les «grands diffuseurs et institutions» ouvrent la section consacrée à la culture de chaque chapitre. Puis, la rubrique «artistes et artisans en ateliers, en galeries ou en boutiques» incite à la visite de lieux de diffusion et à la rencontre d'artistes qu'on a regroupé en grandes familles: art actuel, art figuratif, arts médiatiques, métiers d'art. Certains artistes et artisans ouvrent la porte de leur atelier-boutique ou économusée sur une base régulière. Les autres vous accueilleront sur rendez-vous. «Auteurs et vie littéraire» complètent deux des sections *Culture* du guide

Ce livre ne fait pas une présentation exhaustive des artistes du Bas-Saint-Laurent. Loin de là! On a dû garder un certain équilibre entre les genres et les disciplines artistiques, de même qu'on a essayé de respecter des proportions entre les cinq régions. Qui plus est, on a voulu couvrir le plus possible le territoire, inviter l'amateur d'art à rencontrer des artistes et artisans en atelier, parfois bien à l'écart des routes principales. Les artistes présentés ici ont une démarche originale, une certaine continuité

Pour ceux qui aiment s'imprégner d'un coin de pays, en y restant quelque temps, en se coulant dans l'esprit des lieux, en fouillant dans ce que les gens y créent et pensent, et en partageant un peu avec eux, ce livre est tout désigné. Il s'adresse aussi à ceux qui y vivent et aiment encore y faire des découvertes. dans leur production et une aménité qui fera le bonheur de leurs visiteurs. Puissent le choix et la présentation des artistes inclus dans cet ouvrage donner au lecteur le goût de s'intéresser à tout ce qui pourrait s'offrir à lui, et découvrir le travail des artistes qui sont absents de ces pages.

À travers l'ouvrage dans son ensemble, des récits à teneur historique ou ethnographique s'imposaient. S'intéresser au passé de cette région, c'est s'ouvrir à l'histoire du Québec d'avant même les balbutiements de la Nouvelle-France. Elle a vu circuler bien des communautés amérindiennes et passer des pêcheurs européens. Puis elle a défilé sous les yeux de Jacques Cartier et accueilli très tôt les colons Français. Surgissent de ce passé une foule d'histoires que le temps a mis à sa main et qu'on aime encore à faire revivre aujourd'hui. Soirées de contes, recueils de légendes, livres, recherches et précisions historiques continuent d'entretenir les mémoires.

◆ ◆ ◆

Le Bas-Saint-Laurent est infiniment beau. Le fleuve bien sûr, et les longs lacs du Témiscouata donnent tout leur souffle aux paysages. Les villages, anciens et propres, entourés de champs réguliers où alternent les teintes des diverses moissons soulignent l'harmonie ambiante. Ces lieux habités, humanisés, inscrivent leurs limites sur une nature omniprésente et tenace. Rangs, chemins forestiers et sentiers qui s'enfoncent en forêt mènent toujours à un cours d'eau, un lac ou une crête de la chaîne des Appalaches. En toutes saisons, vous y rencontrerez des gens qui vous accueilleront avec beaucoup de gentillesse.

REMERCIEMENTS

Je tiens à exprimer ma gratitude envers toutes les personnes qui m'ont soutenue moralement dans la réalisation de ce livre et celles qui ont donné de leur savoir-faire ou de leur talent avec beaucoup de générosité :

LES CHERCHEURS EN ETHNOLOGIE DE L'UNIVERSITÉ LAVAL (IREPI 2006) Pascal Huot et Maude Redmond Morissette qui ont fourni images et textes présentant des gens ayant un savoir-faire particulier ;

LES PHOTOGRAPHES Fred Desrosiers, Mélanie Doré, Miguel Forest, Gilles Fraser, Jean Larrivée, Marc Larouche, Bertrand Lavoie, Katerine Lebel Michaud, Steve Leroux, Gernot Nebel, Benoit Parent, Francis Pelletier, François Provost, Guylain Timmons ; Marie-Anne Blaquière pour

LA RÉVISION DES TEXTES et un premier regard sur l'ensemble de l'ouvrage ;

LES RÉVISEURS DE CONTENUS Rock Belzile, Charles Bourget, Jean-Guy Chouinard, Gérald Dionne, Mario Dumont, Pierre Fraser, Robert Gagnon, Régis Jean, Chantal Landry, Jean Larrivée, Ginette Lepage, Pierrette Maurais, Sylvie Michaud, Odette Rioux, François Taillon ;

LE SOUTIEN TECHNIQUE ET MORAL de Martin Castonguay, Fanny Madgin, Valérie Sénéchal, des membres actives de Hétéroclite, du Centre local de développement de Rivière-du-Loup, du Conseil de la Culture du Bas-Saint-Laurent, de la Corporation des Métiers d'art du Bas-Saint-Laurent, du Conseil des Métiers d'art du Québec, de Tourisme Bas-Saint-Laurent ;

LES ARTISTES ET ARTISANS qui ont fourni biographies, visuels et une bonne dose de confiance pour la confection de ce livre ;

LES PROFESSIONNELS DU PLEIN AIR, instigateurs du sentier national et responsables de la Route bleue pour la région du Bas-Saint-Laurent.

Le **Kamouraska**
dit « le doux pays »

« L E DOUX PAYS », une dénomination récemment attribuée au Kamouraska, sied bien au paysage aplani des bords du fleuve où serpentent des rivières aux allures paresseuses, au paysage dompté par l'homme depuis trois siècles. Les champs limoneux, dont les saisons teintent le damier au gré des humeurs de la lumière, promettent de généreuses moissons. Pourtant, la générosité de ces champs est le résultat d'un savoir-faire forgé à même une nature hostile, trop forestière et trop froide, et arraché à l'ignorance. Ici, on a voulu occuper le territoire, terre ancestrale des Amérindiens plus tard conquise par les Anglais. On l'a fait longtemps avec peu d'outils et une inépuisable foi catholique. Un jour heureusement, des hommes éclairés ont appris

Trappes à anguille
dans un champ
Photo : Miguel Forest

puis enseigné le métier d'agriculteur. L'école de Sainte-Anne-de-la-Pocatière est née et dispense encore aujourd'hui une formation professionnelle dans le domaine de l'exploitation agricole.

Ce que « le doux pays » ne dit pas non plus, c'est la dureté et la précarité de la vie plus loin dans les terres, au cœur des Appalaches. Là, les exploitants forestiers, tous Britanniques au début, étaient les maîtres. Des villages érigés au hasard autour d'usines de sciage construites en plein bois, en plein chantier, ont aujourd'hui disparu avec les fûts de chêne, de pin et les grandes industries forestières. Des irréductibles exploitent les érablières qui ont repris de la vigueur sur les coteaux du très haut pays.

Où que l'on soit au Kamouraska, on sent chez les gens une certaine assurance, celle de vivre dans un coin de pays d'une très grande beauté, et l'un des tout premiers berceaux de la civilisation française en Amérique.

Photo : Gernot Nebel

Les îles de Kamouraska marquent l'entrée de l'estuaire « moyen » du fleuve Saint-Laurent, soit entre le « haut » estuaire qui débute à Montmagny, et l'estuaire « maritime » qui commence à l'île aux Pommes située un peu à l'ouest de Trois-Pistoles.

Trois jeunes hommes sautent une clôture (Kamouraska circa 1910)

Don de Andrew Caddell
Musée de Kamouraska

Kamouraska

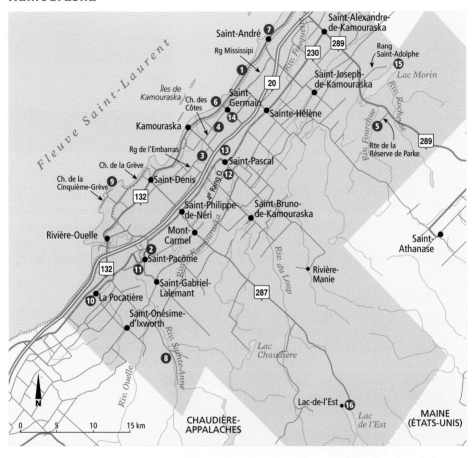

Saint-Alexandre-de-Kamouraska
Saint-André **7**
Rg Mississipi
289
Rang Saint-Adolphe **15**
230
Saint-Joseph-de-Kamouraska
Lac Morin
1
20
Îles de Kamouraska
Ch. des Côtes **6**
Saint-Germain
Sainte-Hélène
Riv. Fouquette
Riv. Rochette
14
Kamouraska **4**
5
289
Rg de l'Embarras
Rte de la Réserve de Parke
Riv. Fourche
3 **13** Saint-Pascal
Ch. de la Grève
12
Fleuve Saint-Laurent
Ch. de la Cinquième-Grève **9** Saint-Denis
132
Saint-Philippe-de-Néri
Saint-Bruno-de-Kamouraska
Rivière-Ouelle
Mont-Carmel
2
Saint-Pacôme
11
Rivière-Manie
Saint-Athanase
132
Saint-Gabriel-Lalemant
287
10 La Pocatière
Saint-Onésime-d'Ixworth
Lac Chaudière
Riv. Ouelle
Riv. Sainte-Anne
Riv. du Loup
8
N
Lac-de-l'Est **16**
Lac de l'Est
MAINE (ÉTATS-UNIS)
CHAUDIÈRE-APPALACHES
0   5   10   15 km

1. SEBKA
2. Station plein air de Saint-Pacôme
3. Ferme Gijamika
4. Écurie Paradis des Côtes
5. Domaine 4 Saisons
6. Plage de Saint-Germain
7. Aboiteau de Saint-André
8. Chute de la Sainte-Anne (Ixworth)
9. Grève de Rivière-Ouelle
10. Montagne du Collège
11. Sentier « Brise-Culottes » et Cavée
12. Sept chutes de Saint-Pascal
13. Montagne à Coton
14. Sentier du Cabouron
15. Lac Morin
16. Lac de l'Est

.... Route Verte   = = = Rangs à vélo

Nature

*«Le doux pays» sied bien au paysage aplani des bords
du fleuve où serpentent des rivières aux allures paresseuses.*

Événements et activités organisées

Dans un sentier de la Sebka
Photo : Mélanie Doré

Escalade • Kayak de mer • Marche

■ **La Halte écologique de la batture de Saint-André ou Sebka** est un magnifique camping (semi-rustique) sur le bord du fleuve, en retrait et en silence de la route 132. Elle est située entre les villages de Saint-André et de Kamouraska. **Les parois d'escalade** des monadnocks de Saint-André, très dures et polies par le temps, font le bonheur des grimpeurs. On affirme sans hésitation qu'il s'agit d'un des plus beaux sites d'escalade sportive au Québec. De merveilleux paysages attendent les grimpeurs au sommet. Quelque 110 voies d'escalade, dont plusieurs peuvent se faire en moulinette, sont répertoriées dans un topo-guide. Cette activité, se faisant de façon autonome sans guide ni moniteur, exige des connaissances techniques d'escalade préalables. **Des sorties quotidiennes en kayak**, si la température le permet, vous amèneront dans l'archipel des îles de Kamouraska. Durant ces sorties, d'une durée de 4 à 6 heures comprenant une pause, il est fréquent de voir phoques et bélugas. Les réservations se font à la Halte et les départs, au quai du village de Kamouraska. On vous équipe et on vous guide (activité payante). **Des sentiers pédestres** débutent au site de camping et totalisent 12 kilomètres. Ils empruntent l'aboiteau de Saint-André, puis gravissent un monadnock couvert d'une forêt. Attention ! Une tarification de base donne accès à ces sentiers.

Informations : 273, Route 132 Ouest à Saint-André-de-Kamouraska
(418) 493-9984 • **www.sebka.ca**

Retour des kayaks de mer à Kamouraska

Chaîne de monadnocks au Kamouraska

On appelle les collines très dures et usées du Bas-Saint-Laurent « monadnocks ». Ces massifs de quartzite qui ont résisté à l'érosion glaciaire, typiques de la région, datent de l'âge cambrien. Ils surgissent d'une plaine argileuse et calcaire. Très secs, ces massifs sont couverts d'une flore associée aux tourbières, bien différente de la flore environnante.

La rivière Fouquette et l'éperlan arc-en-ciel

Saviez-vous que l'éperlan arc-en-ciel, ce petit poisson qu'on pêche sous la glace à l'embouchure des rivières en hiver, serait une espèce très vulnérable sans les efforts soutenus pour dépolluer les rivières ? Ce poisson grégaire vit dans la Grande Baie de La Pocatière et celle de Notre-Dame-du-Portage et, pour frayer, il remonte l'embouchure des rivières au début de mai. En quelques jours, les œufs sont pondus, éclos, et les larves dévalent vers la mer. Encore faut-il que l'eau des rivières soit invitante !

Dans le Kamouraska, un projet d'implantation de méga-porcheries a sonné une alarme. En 1996, en analysant les conséquences d'un tel projet, des citoyens ont constaté que la rivière Fouquette avait été désertée par l'éperlan. En remontant vers les sources de ce bassin versant, ils ont découvert

Éperlan arc-en-ciel

que le système d'épuration des eaux de Saint-Alexandre, vétuste, était la principale cause de pollution des eaux. Le village dispose maintenant de nouvelles installations. De même, les eaux de la rivière du Loup se sont nettement améliorées depuis l'adoption d'un mode de traitement des rebuts par la papetière à Rivière-du-Loup, et du changement de lieux de dépôt de la neige ramassée dans les rues de la ville. La population d'éperlans arc-en-ciel est aujourd'hui en hausse et surveillée de près ! Dix-sept mille spécimens ont été marqués lors de leur passage aux embouchures des rivières Ouelle, Fouquette et du Loup depuis 1996. Cinquante ont été recapturés sur la rive sud du fleuve, jusqu'à Cap-Chat en Gaspésie !

L'éperlan arc-en-ciel ne peut remonter un courant supérieur à 1,5 m / sec. Aussi profite-t-il de la marée pour entrer le plus loin possible dans l'embouchure des rivières. On dit qu'il fraye un peu en aval du rang Haut de la rivière sur la rivière Ouelle, à 500 mètres en amont du petit pont de la route Beaulieu sur la rivière Fouquette, et à la hauteur du pont de la route 132 sur la rivière du Loup.

Ski alpin • Glissade sur chambre à air
Hébertisme • Belvédère

▦ **La Station plein air de Saint-Pacôme, un centre de ski alpin** familial, fait face au fleuve et domine l'un des plus beaux villages du Kamouraska. En toutes saisons, le sommet de la Côte des Chats offre une vue panoramique sur le village traversé par la rivière Ouelle, la plaine fluviale du Kamouraska, le fleuve et les remparts côtiers de Charlevoix. L'été, le centre offre un **circuit d'hébertisme Arbre en arbre**, des sentiers suspendus, échelles, tyroliennes, passerelles et lianes de Tarzan. Il faut réserver (entrée payante).

Informations : (418) 852-2430 • **www.stationpleinair.com**

Séjour à la ferme • Équitation

▦ **La ferme Gijamika** propose des séjours à la ferme, d'une journée ou de 5 jours pour les enfants de 7 à 15 ans, des visites familiales ou journées à saveur pédagogique, et des cours d'équitation. Lapins, basse-cour, oies et canards sur l'étang, chèvres, lamas, chevaux, et un troupeau de moutons constituent le cheptel de la ferme en bordure de la rivière Kamouraska. Au menu : soins quotidiens des animaux, initiation à l'équitation, fabrication et transformation de produits, ateliers manuels, jardinage et création de repas. Dans un cadre familial, vos hôtes sont Jacinthe Morneau et Gilles Michaud, ainsi que Vanessa, David, Rébecka, Jérémy et Valentine.

Photo : Nathalie Le Coz

Informations : 214, rang de l'Embarras à Kamouraska (418) 492-5304 ou **gijamika@globetrotter.net**

Mélanie Doré

L'enfant et le cheval s'apprivoisent

Équitation • Voiture à cheval

▨ **L'écurie Paradis des Côtes** offre des camps de jour pour tous (âge minimal 10 ans), des stages d'une semaine de formation de niveaux I à IV, selle classique ou western (âge minimal 12 ans). L'hôtesse des lieux guide des randonnées à cheval ou en voiture à cheval dans la région, toute l'année et en toute sécurité. Un manège couvert permet une foule d'activités équestres à la carte pour des personnes seules ou en groupe. À vous de faire votre menu !

Marie-Claude Drouin • 94, Rang des Côtes à Kamouraska • (418) 492-3832

Ski de fond • raquette • marche • aires de jeux • vélo

▨ **Le Domaine 4 Saisons dans la réserve de Parke** se veut un lieu de repos, de réflexion intérieure et de sports en pleine nature pour les familles, les promeneurs isolés et les groupes. Situé dans l'une des plus belles forêts de la région dominée par le pin rouge, ce centre, animé par des membres d'une communauté religieuse, est entièrement dédié à la sensibilisation à la nature. Il donne accès à 11 km de sentiers, des infrastructures d'hébergement (chalets ou motels pour 4 ou 8 personnes), des salles de réunions. Dans une grande salle de réception vitrée avec foyer, orientée vers le lac, on sert des repas complets. Sur le site, les visiteurs trouveront jeux de fer, volley-ball, badminton, pédalos et canots. Surveillez les indications sur la route 289 pour l'entrée du domaine.

Réservations : Tél. et fax : (418) 495-2154

▶ Sorties rafraîchissantes et randonnées pour tous

**Mise à l'eau • Point de vue et observation
Baignade • Marche**

▦ **La plage de Saint-Germain**, discrète, offre un point de mise à l'eau pour les kayaks, idéalement à marée haute. C'est le seul accès public au fleuve entre Saint-André et Kamouraska. Une chaise de camping ou une serviette de plage vous aideront à passer de belles heures face au fleuve.

▦ **L'aboiteau de Saint-André-de-Kamouraska •** Derrière le village, vers l'est, le petit chemin nous fait découvrir d'un côté la batture sur 1 km environ, et de l'autre, les coulisses du village avec les vestiges d'un important complexe industriel du siècle dernier. Un banc invite à la halte. Vers l'ouest, le sentier de l'aboiteau rejoint la Halte écologique de la batture de Saint-André (environ 3 km). Les oies blanches abondent sur les battures au printemps et à l'automne. On y a accès par la Vieille école, en plein village.

Le Gros Pélerin
Photo : Nathalie Le Coz

On a nommé les îles en face de Saint-André Les Pèlerins à cause de leur silhouette semblable à celle de marcheurs courbés dans la brume.

Étiquette Champion des industries Desjardins
Archives de la Côte-du-Sud, fonds Desjardins

Le « Boss » Desjardins à Saint-André : un industriel né !

Entre l'aboiteau de Saint-André et les arrière-cours du village, sur plusieurs centaines de mètres, tiennent encore fièrement debout hangars et bâtiments anciens, témoins d'un âge d'or du dynamisme industriel de ce village. Ce dynamisme, on le doit à un homme, né en 1846, orphelin très jeune, et ainsi condamné à la débrouillardise. Charles-Alfred Roy dit Desjardins était de ceux qui avaient compris les enjeux de la révolution industrielle qui balayait l'Occident en cette fin du 19e siècle. Il y a vu une opportunité. Apprenti dans une horlogerie et à la forge du chantier naval de Pointe-Sèche à un jet de pierre de Saint-André, il a acquis la maîtrise de ces techniques artisanales. Il savait que la survie résidait désormais dans la créativité et la fabrication en série. À 19 ans, il acheta l'horlogerie et en poursuivit les opérations. Puis, il mit au point une batteuse à grain, avec éventail incorporé pour éliminer les saletés, et mobile en plus ! Cette machine fit le début de sa fortune. Il en vendit 10 000 en 15 ans en Amérique du Nord, Mexique inclus. Puis il développa d'autres machines agricoles : arrache-roches, piloteux ou trépigneuses pour deux chevaux, empocheurs, élévateurs à grain, moulanges, semoirs, arrache-patates, cribles, godendarts... Pour livrer son matériel, il n'hésita pas à construire un quai qu'il revendit plus tard au gouvernement fédéral, puis un système d'aqueduc que ses héritiers revendirent à la municipalité. Partisan du troc, il était propriétaire d'une vingtaine de maisons dans le village, de terres jusqu'en Gaspésie et institua le système de versement des salaires de ses employés sous forme de bons d'achat échangeables dans son propre magasin général. Le « Boss » Desjardins créa une compagnie de téléphone et procéda à l'élargissement de la route où il fut le premier à circuler en automobile. Il fit quelques dons aussi : on lui doit entre autres un couvent-hospice-pensionnat dirigé par les Sœurs de la Charité de Québec. Clairvoyant, il se retira graduellement des affaires jusqu'à se départir de ses avoirs en 1925. Ses héritiers traversèrent tant bien que mal la Crise de 1929. Aujourd'hui, un descendant direct de Charles-Alfred Roy dit Desjardins opère une entreprise de machines agricoles et forestières à l'entrée ouest du village de Saint-André.

Charles-Alfred Roy, dit Desjardins
Archives de la Côte-du-Sud, fonds Desjardins

Nathalie Le Coz

Saint-André vu de la batture
Photo: Katerine Lebel Michaud

Baignade - Marche

▓ **La chute de la rivière Sainte-Anne** coule vers la rivière Ouelle dans la réserve de **Ixworth** près de Saint-Onésime. Le point de vue est magnifique, encerclé de quelques beaux pins blancs ; bains et douches abondent en amont de cette rivière caillouteuse qui s'est frayé une tranchée pour dévaler la pente. Possibilité de camper à proximité de la chute. Un sentier de 2 km mène à la chute, de même qu'une route dont les derniers 500 m sont difficiles à parcourir en voiture.

Serge Bazinet

Pont couvert du Collège (1919) sur la rivière Ouelle à Saint-Onésime-d'Ixworth

Le quai de Rivière-Ouelle a été construit en 1855. Un traversier reliait Rivière-Ouelle à La Malbaie au 19ᵉ siècle.

Le schiste rouge de Sillery, cousin de l'ardoise, très friable, appelé aussi tuf ou gneiss, est omniprésent dans la formation rocheuse des bords du fleuve.

■ **La grève de Rivière-Ouelle vers la pointe de la Baie de Saint-Denis** : un paysage sauvage, avec une vue sur les îles de Kamouraska et l'élargissement du fleuve vers l'estuaire, puis une baie herbeuse, surtout à marée basse, qui abrite une foule d'oiseaux. Le village de Saint-Denis apparaît à partir de la pointe. En saison, on observe des pêches à l'anguille le long du trajet. **Environ 3 km aller-retour** depuis la plage municipale de Rivière-Ouelle.

Marche et raquette

■ **La montagne du Collège à La Pocatière** donne lieu à un rituel. Que vous soyez croyants ou non, vous emprunterez les sentiers qui, au début, traversent des aires de recueillement et de prière. Plus loin, vous embrasserez du regard La Pocatière dans son ensemble. Toute la plaine environnante s'étale devant vos yeux. Combien de générations d'étudiants ont traîné, rêvé ou créé dans les grottes de cette montagne, dignes de « la société des poètes disparus » ? Bien qu'elles ne méritent pas d'être le but de la balade, quelques peintures « rupestres » récentes ornent les fameuses grottes avec, au sol, des ronds de feu tout juste éteint et des éclats de verre de bouteilles de bière aux marques connues. Bref, ici vous est offert un site archéologique du présent. On y accède par le stationnement du collège donnant sur la rue principale.

L'anguille

L'anguille, ce poisson serpent qui rebute tant de gens, est très mystérieuse. À rebours du saumon ou de l'éperlan qui remontent les rivières, l'anguille vit pendant près d'une vingtaine d'années en eau douce, puis un beau jour, pour frayer, met le cap sur la mer des Sargasses au large de la Floride... autant dire au bout du monde. Les civelles ont deux ou trois ans lorsqu'elles viennent peupler de nouveau le fleuve Saint-Laurent et les cours d'eau douce de

Installations pour la pêche à l'anguille

leurs mères. Elles sont alors transparentes. Longues de 10 à 12 cm, plus agiles que des couleuvres, elles remontent des chutes bien plus hautes que ne le font les saumons. On en trouve beaucoup dans les lacs à la source des rivières. Et le plus mystérieux ? Il n'y a que des anguilles femelles au Québec ! Les mâles font rivière à part, plus au sud.

L'estran au Kamouraska permet cette pêche. On y ancre des filets fixes sur de longues battures qui dirigent les proies vers des cages où elles restent emprisonnées à marée basse. Elles sont alors faciles à recueillir. Quatre-vingt-cinq pour cent des prises québécoises d'anguilles se font entre La Pocatière et Trois-Pistoles. La totalité ou presque de ces prises est exportée.

Enfin, l'école !

Construction du plan relief du village de Sainte-Anne présentée à l'exposition universelle de Paris en 1867
Archives de la Côte-du-Sud

La formation en agronomie à Sainte-Anne et Saint-Denis au Kamouraska

Des écoles de rangs apparaissent autour de 1830. Elles accueillent des petits paysans durant leurs toutes premières années d'enfance. Les fils des plus nantis peuvent poursuivre leurs études au Collège de Sainte-Anne (aujourd'hui La Pocatière) qui ouvre ses portes en 1829. La survie des colons a longtemps justifié le fait que les enfants quittent très tôt les bancs d'école. On avait besoin de bras sur les terres... jusqu'au jour où les terres n'ont plus été en mesure de nourrir tous ces bras. On verra alors, à partir du milieu du 19e siècle, pas loin d'un million de Canadiens français s'exiler aux États-Unis. Convaincus des méfaits de l'ignorance, surtout en agronomie, des *leaders* apparaissent. L'abbé François Pilote fonde l'École d'agriculture en 1859 à Sainte-Anne-de-la-Pocatière, la première du genre au Canada et la deuxième en Amérique. Deux ans plus tard, la *Gazette des campagnes* voit le jour et propage les nouvelles connaissances développées à l'école. En plein essor, l'école est représentée aux expositions universelles de Paris en 1867 et 1900 !

Nathalie Le Coz

Entre-temps, deux autres hommes voués à l'éducation en agronomie s'associent et fondent la première fabrique-école de beurre et de fromage au Québec à Saint-Denis-de-la-Bouteillerie en 1881. Cette fabrique ne fonctionne que pendant quelques années, mais la mission éducative de ses fondateurs, Édouard-André Barnard et son beau-frère Jean-Charles Chapais, durera beaucoup plus longtemps. L'École d'agriculture s'affilie quant à elle à l'Université Laval, à Québec, en 1912, et devient la faculté d'agriculture en 1940. Elle abrite aujourd'hui l'Institut de technologies agroalimentaires, soit l'une des deux écoles spécialisées du genre qui subsistent encore aujourd'hui au Québec, avec le Collège MacDonald. Tous ces formateurs ont vraisemblablement été les premiers à parler non seulement des vertus nourricières et apaisantes de la terre, mais de fertilisation des sols, de drainage, de conservation des engrais naturels et de construction de silos!

La une de la *Gazette des campagnes*

L'École ménagère à Saint-Pascal

Et les filles ? Il faut attendre, évidemment ! Toutefois, l'École ménagère de Saint-Pascal est née en 1905 de la complicité entre le curé de la paroisse, Alphonse Beaudet, et les religieuses de la Congrégation Notre-Dame de Montréal... Non sans efforts ! Une telle initiative requérait l'autorisation de l'archevêque de Montréal, Mgr Bruchési, qui jugeait que « l'heure de cet enseignement ne lui semblait pas venue ». Il finit par céder devant l'entêtement de Beaudet. « Cet homme a trop de volonté, il réussira, acceptez. » Bref, les filles de 13 ans et plus sachant lire, écrire et calculer purent enfin acquérir un enseignement d'économie domestique à base de culture générale. S'il paraît aujourd'hui désuet avec ses cours d'art culinaire, de tricot, de tissage et de lessivage, il faut savoir que cet enseignement comprenait aussi des cours de comptabilité, d'agriculture, de botanique, de physique et de chimie, de dessin, d'hygiène et de médecine domestique. L'Université Laval l'a affiliée comme première école de sciences domestiques et a décerné un baccalauréat en cette matière. C'est de cette école que provient la première édition de *La cuisine raisonnée* en 1919 qu'on retrouve encore dans beaucoup de cuisines québécoises.

Jeunes filles diplômées de l'école d'enseignement ménager de Saint-Pascal de Kamouraska, affiliée à l'Université Laval, Stanislas Belle, 1911
Musée du Bas-Saint-Laurent

L'instruction publique au Québec

Jusqu'en 1923, la plupart des enfants se contentaient d'un cours primaire qui durait quatre ans. Beaucoup quittaient les études après leur première communion, vers 10 ou 11 ans. Quelques garçons, des privilégiés, allaient au collège pour apprendre le droit ou la médecine ou se destinaient à la prêtrise. Ce cours durait huit ans. Après 1923, l'école primaire comptait six ans, avec possibilité de poursuivre une 7e et une 8e années qui offraient les options industrielle, commerciale, agricole ou ménagère. Sans plus. Depuis 1902 pourtant, la «Ligue de l'enseignement» qui regroupait hommes politiques, journalistes et enseignants réclamait un ministère de l'Instruction publique et l'école obligatoire jusqu'à 13 ou 14 ans. Mgr Bruchési, archevêque de Montréal et décideur en la matière, traitait la ligue «d'organisation maçonnique», et a tenu tête au Vatican lui-même qui avait adopté le principe d'instruction obligatoire en 1931. Ce n'est donc qu'en 1943 que l'instruction publique est devenue obligatoire jusqu'à 14 ans au Canada français!

Nathalie Le Coz

Ancienne école de rang, près de Saint-Alexandre

Nathalie Le Coz

La Cavée de la
rivière Ouelle

DÉCOUVRIR LE BAS-SAINT-LAURENT

▧ **Le sentier «Brise-Culottes»** mène à **la Cavée**, une fosse à saumon le long de la rivière Ouelle en amont de Saint-Pacôme et une chute en paliers encavée, digne qu'on s'y attarde. Les mouvements de l'eau qui s'engouffre en angle dans un couloir étroit sont uniques, surtout à eau haute. Un point d'observation au-dessus des chutes, une passerelle à leur pied, une table et un toit, un rond de feu et une toilette sèche font de la Cavée une destination pique-nique et flânerie. Comme son nom l'évoque, ce sentier est escarpé par endroit • **2 km linéaires** • Attention : à 1,3 km de l'église de Saint-Pacôme en direction de Saint-Gabriel-Lalemant, prendre la branche droite d'un Y pour aller au bout de la rue Galarneau.

▧ On rejoint **les Sept chutes de la rivière Kamouraska à Saint-Pascal** par un sentier qui surplombe la rivière, puis traverse un boisé et des champs. Presqu'au départ, sur le rang 4, un bras de sentier descend aux chutes, empruntant un escalier lorsque la pente est raide. On s'y rafraîchit volontiers les journées chaudes... mais attention ! Il est interdit de s'y baigner. **Boucle de 5 km.**

▧ Sentier de la **Montagne à Coton** à Saint-Pascal • La vue du sommet de cette montagne donne tous azimuts sur la plaine, le village, le fleuve et les remparts de Charlevoix. **1 km.**

Hervé Voyer

Situé près de la route reliant Saint-Pascal à Kamouraska sur la rivière aux Perles, le moulin Paradis a complètement cessé ses activités en 1979. On pouvait s'y procurer de la moulée et de la farine, et on y entrait par le toit, à l'aide d'une passerelle. À la fin du XIXe siècle, la grande roue du moulin fut remplacée par des turbines.

Le père Coton et son histoire

Quand finissaient six mois d'hiver
Tous blancs de quatre pieds de neige
L'ermite arrivait sur nos terres
Avec son lot de sortilèges
Et son surnom c'était Coton

S'était construit une cabane
Tout en haut de notre montagne
Il descendait les soirs de lune
Ceinture aux reins et robe brune
Tout le canton l'appelait Coton

[...]

Johnny Lainé était son nom
Ange de Dieu ou bien démon
Johnny Lainé était son nom
Grande prière et sainte misère
Mais tout l'monde l'appelait Coton

Extrait de la chanson de Claire Pelletier :
Paroles Marc Chabot, musique Pierre Duchesne
et Claire Pelletier

Un jour, un drôle d'homme arriva dans le Kamouraska et décida d'établir son ermitage et une petite chapelle au sommet d'une montagne qui borde le village de Saint-Pascal. On était en 1855. Mi-pieux mi-intrigués, les gens allaient rendre visite à cet homme tout habillé de bure qu'on nomma le père Coton. À la chapelle, les promeneurs faisaient une offrande à la Vierge et admiraient le paysage. On fit même de ce pèlerinage un attrait touristique ! Mais peu à peu, les soupçons s'accumulèrent. Autour de sa cabane, on a vu des peaux de mouton sécher au soleil… Or, quelques brebis manquaient à l'appel dans les troupeaux de la plaine. Puis, on vint à croire que des lurons du coin montaient la nuit dans ce repaire pour vider des bouteilles avec l'ermite. Bref, on fit de cet homme un ange le jour qui se métamorphosait en diable la nuit… Vers 1874, les gens les plus terre à terre, le curé en tête, démolirent le mythe, expulsèrent l'homme et détruisirent l'ermitage. On sut par la suite que cet homme, originaire du Nouveau-Brunswick et qui s'appelait Johnny Laine, finit ses jours en quêtant dans les rues de Montréal.

Manoir et vieux moulin, Pointe Sèche, Saint-Germain-de-Kamouraska, vers 1910

Nathalie Le Coz

■ **Le Cabouron** • Ce sentier suit la crête d'un monadnock qui borde le rang Mississipi au sud et s'affaisse dans le village de Saint-Germain-de-Kamouraska. Il est bien connu de tous les marcheurs de la région et apprécié pour la grande beauté des lieux, aussi bien celle du village de Saint-Germain, de la vue sur les champs, sur le fleuve et les îles qui longent la côte, que pour le charme bucolique du rang Mississipi • **4 km linéaire ou boucle de 8 km** • Le prendre soit par le village à proximité du cimetière, soit par le rang Mississipi (stationnements disponibles). On suggère de faire une boucle par ce rang pour revenir au point de départ.

Des villages forestiers disparus

Le camping du lac de l'Est a remplacé un important moulin de bois de sciage, brûlé, reconstruit puis fermé dans les années 1950 et démoli par la suite. Quelques maisons et une chapelle en bordure est de la plage témoignent de l'existence d'un village érigé pour l'exploitation forestière à la fin du 19e siècle. Au plus fort de son activité, dans les années 1920, l'école installée dans la chapelle accueillait une cinquantaine d'enfants. Les familles mangeaient beaucoup de viande « de bois » et des légumes du jardin durant la belle saison. Les jeunes gens aimaient bien flâner à la pointe de sable visible de la plage...

Rivière-Manie figure encore sur les cartes du Kamouraska dans les environs du lac de l'Est, plus près de Mont-Carmel, au bout d'un chemin de gravier. On y construisit une usine de sciage en 1912 qu'on rebâtit en 1918 après un incendie. Plusieurs résidants arrivèrent à Rivière-Manie en 1913. Le train Transcontinental y passa en 1914. Il n'y reste plus, depuis l'abandon de l'usine et du village au début des années 1960, que la cheminée de l'usine qu'on appelle l'Enfer. Ce coin du Kamouraska est aujourd'hui un fief des véhicules tout-terrains.

L'Enfer à Rivière-Manie

Nathalie Le Coz

Canot ou kayak d'eau calme… et marche

■ **Le lac Morin** est un élargissement de la rivière Fourchue dont on a inondé les berges lors de la construction d'un barrage dans les années 1940. Les rives de ce lac peu profond sont encore encombrées par du bois flotté charrié par le vent. Le lac Morin ne manque pourtant pas de charme avec ses extrémités marécageuses, ses îles vers la décharge, ses berges peu habitées et les roches lisses et invitantes de la rivière Rocheuse qui s'y jette au sud. La meilleure mise à l'eau se fait au pied du lac qu'on atteint par le rang Saint-Adolphe.

■ **Le lac de l'Est** est au bout du monde… du moins de la seule route nord-sud qui traverse entièrement le Kamouraska. Elle mène à une grande plage et un camping en bordure de ce lac de plus de 10 km de long, traversé par la frontière américaine. À part le camping fréquenté en saison par des habitués et quelques chalets tout près de la plage, les rives de ce lac sont inhabitées. Visible de la plage et accessible en canot ou en kayak, une pointe sablonneuse invite à la baignade. Tout autour, les boisés montagneux de la ZEC Chapais semblent s'étendre à l'infini. Le **sentier des Pointes**, accessible depuis la plage, longe la rive ouest du lac puis fait une boucle en passant par un belvédère qui surplombe le lac • **boucle de 7 km environ**.

L'eau au service du maître-scieur à Saint-Pascal

Rencontre avec Roger Madore

Dans le cadre de l'Inventaire des ressources ethnologiques du patrimoine immatériel (IREPI)
Auteurs : Pascal Huot et Maude Redmond Morissette, Université Laval

IREPI 2006

Roger Madore actionnant son banc de scie

Roger Madore, agriculteur de Saint-Pascal dans le Kamouraska et sexagénaire, est porteur d'un savoir-faire sur le point de disparaître au pays des moulins. Dès l'enfance, alors qu'il accompagne son père, il est initié au fonctionnement du moulin ainsi qu'au métier de maître-scieur. Il est propriétaire de ce moulin à scie érigé sur sa terre à bois en 1896, aux abords de la rivière Pivard dont le débit actionne une grande roue de bois, permettant ainsi son activité.

Lors des crues printanières, l'immense roue du moulin renaît. À l'origine, on y sciait des bardeaux et, plus tard, du bois de construction. Aujourd'hui, Roger Madore scie son propre bois et celui des gens des environs de Saint-Pascal. Pour scier les billots et assurer un rendement efficace du moulin, il faut travailler à deux. Le maître-scieur place les billots sur la structure et en fait la coupe pendant que son aide empile les planches à la sortie du moulin.

Avant la décennie 1980, la scierie connaît une grande activité : de nombreuses personnes de la région font scier leur bois au moulin. L'achalandage diminue de façon considérable vers la fin des années 1980. Victime du temps, le moulin ne répond plus convenablement aux exigences des consommateurs, qui se dirigent plutôt vers des moulins commerciaux ou dans les grandes surfaces pour se procurer le produit fini.

Issu du passé et toujours vivant grâce à la ténacité de Roger Madore, le moulin à scie fait partie du patrimoine bâti du Québec. Si vous vous rendez au 1030, rang 4 Est (route Moreau) à Saint-Pascal, peut-être aurez-vous la chance de voir s'activer ce moulin centenaire et de rencontrer le détenteur d'un savoir-faire précieux.

Vélo

▥ **La Route verte** emprunte une piste cyclable le long de la Grande Anse à La Pocatière (14 km entre Saint-Roch-des-Aulnaies et Rivière-Ouelle comprenant deux accès en bordure de l'autoroute 20), puis rejoint la route 132 vers Rivière-Ouelle, descend vers le Chemin de la Grève jusqu'à Saint-Denis pour retrouver la 132 jusqu'à Notre-Dame-du-Portage. La route est magnifique, mais attention, on y circule beaucoup en haute saison et les accotements asphaltés ne sont pas tous complétés.

▥ **Les rangs** • En parallèle à la route 132, un peu en hauteur, on peut rouler sur la **route 230 de La Pocatière jusqu'au-delà de Sainte-Hélène**. On suggère une **boucle Rivière-Ouelle / Saint-Pacôme / Saint-Gabriel / Mont-Carmel / Saint-Philippe-de-Néri / Saint-Denis**, par des rangs peu fréquentés. Ce circuit constitue à lui seul un voyage dans le Kamouraska.

▥ À ne pas manquer : **le rang Mississipi** entre Saint-Germain et Saint-André avec une possibilité de boucle par le 2ᵉ rang Est au sud de la chaîne montagneuse.

▥ À voir : **Saint-Bruno** qu'on atteint **par la route de Rivière-Manie** depuis Saint-Pascal.

Nathalie Le Coz

▷ À l'aventure !

Canot ou kayak d'eau vive

▧ **Le bas de la rivière Ouelle** : une section très facile d'une dizaine de kilomètres, toute en méandres à travers les champs puis le village, et qui mène à l'embouchure vers le fleuve. On met à l'eau à Saint-Pacôme ou au petit pont du rang Sud de la rivière en aval de l'autoroute. On peut sortir sur le chemin de la Pointe.

▧ **La section de la Chute de la Cavée sur la rivière Ouelle** : une des belles rivières de printemps au Québec et très, très sportive à eau haute ! Entre le pont sur la route allant à Saint-Onésime et le village de Saint-Pacôme, elle consiste en une série continue de RIII sur 9 km, coupée presqu'au départ par un seuil (S-4) qu'il faut reconnaître, et à mi-parcours d'un long portage à droite pour éviter les chutes de la Cavée. On ne peut s'aventurer sur cette rivière sans une grande maîtrise des techniques d'eau vive, et sans quelqu'un qui sache appréhender la chute et repérer le sentier de portage. On peut mettre à l'eau en aval de la Cavée. Il est conseillé de se joindre à un club qui programme une sortie sur cette rivière (**www.canot-kayak.qc.ca**).

Kayak de mer

▧ **La Route bleue** • Le kayak de mer ne requiert pas d'aptitudes sportives particulières et donne accès à des lieux d'une rare beauté et à un contact absolu avec la nature. En revanche, s'aventurer sur le fleuve relève véritablement de la navigation. Ce puissant cours d'eau froide aux conditions changeantes peut présenter, parfois en un clin d'œil, une foule de difficultés au pagayeur s'il est mal préparé. Mais l'aventure est tentante… et des outils existent.

La **Route bleue du sud de l'estuaire** qui va de Berthier-sur-Mer près de Montmagny jusqu'à Les Méchins, soit 400 km de voie navigable, est amplement documentée et illustrée de cartes à l'intention des amateurs de kayak de mer. Sous la houlette de la Fédération québécoise du canot et du kayak, un **guide bleu** fournit aux utilisateurs ce qu'il faut pour planifier des itinéraires incontournables et sécuritaires, un code d'éthique et un lexique des usages. Des cartes détaillées de la côte situent aires de repos, abris naturels, campings et hébergements sur le littoral, mises à l'eau, écueils, refuges d'oiseaux et arrêts d'urgence. On trouve au verso des cartes une description des services disponibles, des difficultés particulières de navigation, des mises en garde en présence d'habitats ou d'espèces fragiles.

Informations : Un guide et des cartes de la Route bleue du sud de l'estuaire sont en vente. Vous pouvez également devenir membres de la Fédération québécoise du canot et du kayak afin de profiter d'autres avantages 4545, av. Pierre-De Coubertin à Montréal • (514) 252-3001 • **www.canot-kayak.qc.ca** • Il est possible de consulter les cartes de la Route bleue du sud de l'estuaire dans les bureaux touristiques de la région du Bas-Saint-Laurent (consulter la liste dans le petit bottin de la nature à la page suivante).

Nathalie Le Coz

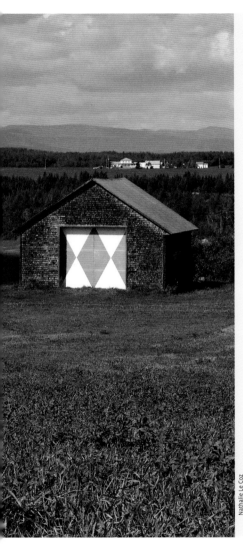

Nathalie Le Coz

Le petit bottin de la nature au Kamouraska

Événements à surveiller

La **Journée «Portes ouvertes sur les fermes du Québec»** en autobus sur réservation, ou en autonomie · deuxième dimanche de septembre · Informations : Fédération de l'UPA de la Côte-du-Sud et du Bas-Saint-Laurent au (418) 856-3044 ou sans frais au 1 800 463-8001

Autres lieux à découvrir

Le **Jardin floral** à La Pocatière · Jardin de vivaces à flanc de coteau relié au sentier de la Montagne du Collège Contribution volontaire appréciée.

Le **Pavillon Vert** - Halte cycliste au 103, rang Mississipi à Saint-André · de mai à octobre dans un jardin (table, abri, café-galerie où Jocelyne Bélanger expose ses tableaux).

Le **site d'interprétation de l'anguille** Tout sur la technique de pêche et dégustation (30 min) du 1er juin à la mi-octobre, entrée payante · 205, av. Morel à Kamouraska.

Le **Club de ski de fond Les Pentes Ouf** de Sainte-Hélène Sur la route du Pont de broche accessible par la route de l'église vers le sud, puis le 5e rang à gauche.

Adresses utiles

www.kamouraska.com

Les **Bureaux d'information touristique** à La Pocatière, l'été (sortie 439 de l'autoroute 20) 10, rue du Quai · (418) ou (888) 856-5040 et de Saint-Pascal 536, av. de la Gare · (418) 492-7753

Carte du réseau cyclable sur demande : www.tourismebas-st-laurent.com · 1 800 563-5268

Mountain near Camouraska (sic). Islette de George Heriot, circa 1810.

George Heriot (v. 1759-1839), fonctionnaire britannique, travaille comme sous-ministre des Postes de l'Amérique du Nord britannique de 1799 jusqu'à environ 1816. Pendant ses périodes d'affectation, il produit un grand nombre d'esquisses et d'aquarelles, et publie deux livres illustrés sur le Canada. Par la suite, il rentre en Angleterre.

Culture

« Ces grands filets marins que l'on traine ensemble.
Le fond de l'océan raclé de ses pauvres trésors.
La précise mémoire des fous ramène les faits
comme des coquillages. »

Ce texte est tiré du roman *Kamouraska* de Anne Hébert.

Une histoire réelle d'assassinat chez les Taché de *Kamouraska* et de Saint-Pascal, celui de Achille en 1839, fut la source d'inspiration de l'auteure. Le roman de Anne Hébert fut adapté au cinéma en 1973 par Claude Jutra. Les acteurs Philippe Léotard et Geneviève Bujold incarnèrent les personnages principaux.

▷ Événements culturels

■ **Le Prix Saint-Pacôme du roman policier :** un événement annuel des plus singuliers. Des conférences, des expositions de bandes dessinées policières, un rallye enquête nocturne et des jeux de **suspense** ouverts à tous donnent prétexte à la remise de prix aux meilleurs romans policiers québécois publiés dans l'année. Cet événement a-t-il été créé pour stimuler la lecture ou l'écriture chez les gens du coin ? Est-il l'idée d'un illuminé ? D'un passionné peut-être ? Est-ce un coup de promo ? À vous d'enquêter ! L'événement a lieu la dernière fin de semaine de septembre.

Informations : (418) 852-2356
www.st-pacome.ca/polar

■ **Le Symposium de peinture du Kamouraska :** une célébration des beautés de la nature de cette région. Tous les ans, depuis 1994, environ 80 peintres de partout au Québec s'y réunissent durant une semaine. Ils peignent **in situ** des scènes captées dans les environs. Dans plusieurs salles réparties entre Saint-Germain et Kamouraska, les artistes participants exposent et vendent leurs travaux. Vous les trouverez peut-être dans ces salles, ou dehors installés à leur chevalet, ou plus tard lors de soupers ou autres rassemblements ouverts à tous, au quai de Kamouraska, au Pavillon Cormoran, à l'église de Saint-Germain. Une particularité de ce symposium : l'émulation en matière de création. En effet, sa durée et les exigences du concours poussent les artistes à la production, reléguant au second plan le volet expo-vente de l'événement. La remise des prix, incluant celui du public, a lieu en clôture le dimanche après-midi. À vous de juger ! • Événement annuel, la **troisième semaine de juillet** (du lundi au dimanche).

Information au public :
Au kiosque d'information touristique au rez-de-chaussée du Musée de Kamouraska

Information aux artistes participants :
Développement Kamouraska, au 319, rang de la Haute-Ville Kamouraska • (418) 498-3197
http://symposiumkamouraska.site.voila.fr/

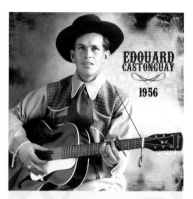

Édouard Castonguay

Au Bas-Saint-Laurent, on vibre à la musique country. Saviez-vous que le disquaire de Rivière-du-Loup a vendu pour Noël 2005 plus de disques de Édouard Castonguay que de Céline Dion tous titres confondus ? Monsieur Castonguay, résident de Saint-Alexandre et décédé au printemps 2006, a lancé 41 albums en 50 ans de carrière. C'est une star au Québec !

Gernot Nebel

Symposium de peinture de Kamouraska

Le **Camp musical de Saint-Alexandre** accueille l'été, depuis 1970, les jeunes de 7 à 17 ans lors de sessions de formation (1 à 3 semaines). Durant ses sessions régulières et ses sessions spécialisées (notamment des camps d'orchestre pour harmonies et cordes), il offre une formation sur plusieurs instruments, complétée par du chant choral et de la musique de chambre. Les concerts sont ouverts au public (série gratuite tous les jeudis sur la scène extérieure).

267, rang Saint-Gérard Est
à Saint-Alexandre • (418) 495-2898
Campmusical.com

Simon Boivin, premier violon et quelques jeunes du camp lors d'une répétition du concert *Loco Locass Symphonique* à l'été 2005. Photo : Marc Larouche

Artistes et artisans

en ateliers, en galeries ou en boutiques

Pilar Macias

Être de passage – nostalgie

Pilar Macias a toujours placé la photographie au cœur de sa création, quitte à la mettre en scène dans des installations pour en renforcer le pouvoir allégorique. Elle utilise la photo comme reflet d'identité, comme outil d'intégration. Les corps nus, porteurs de traces, sont souvent présents dans son œuvre. L'humour aussi parfois. Mexicaine d'origine, elle est active dans la vie artistique du Bas-Saint-Laurent.

La Pocatière • pilar@qc.aira.com

Émilie Rondeau
Isle-Verte

■ **Danyelle Morin** • La plupart de ses dessins sont exécutés au pastel sec et sa réflexion se concentre sur le temps et la mémoire. Elle travaille presque exclusivement de manière sérielle. Elle aime voir un thème évoluer à la manière d'une œuvre écrite, constituée de phrases qui ont leur propre vie mais qui, ajoutées les unes aux autres, formeront un ensemble cohérent.

La Pocatière • (418) 856-5353 ou clfmorin@globetrotter.net

■ **Émilie Rondeau** • Cette jeune artiste a un sens naturel des couleurs et de la composition, et une gestuelle qui matérialise une énergie pure. Elle dit d'elle-même : « Je suis une reporter de mon temps. Je décortique les espaces tantôt naturels tantôt construits pour interpréter et transformer les lieux. Je glorifie le banal. »

Rivière-Ouelle • www.emilierondeau.com

■ **Gernot Nebel** • Les lignes, les couleurs et la composition sont en soi le

Danyelle Morin
La mémoire des lieux 3

Pierre Gignac

Gernot Nebel
Derrière le givre

Mona Massé
Citadelle intérieure 1

« seul sujet » que traite cet artiste. La structure abstraite est claire. Pour cet Autrichien d'origine, le climat favorable à la création a quelque chose d'éthéré, comme la musique qui emplit son atelier.

Saint-Germain • www.gernotnebel.net

■**Mona Massé** est une peintre de l'imaginaire, de l'espace et des traces laissées dans le paysage. La couleur établit la composition d'où naissent les formes dessinées. Elle invente et nous convie dans des lieux refuges surgis de la matière colorée.

Saint-André • monmas@cegep-rdl.qc.ca

■**Jocelyne Gaudreau** • Papier, matière et textiles sont les médiums que privilégie cette artiste. Leur versatilité lui convient. La surface ne constitue qu'un point de départ, tel un mur à traverser, un tremplin vers d'autres dimensions. L'artiste cherche à témoi-gner dans une même œuvre des divers niveaux de perception d'un objet, d'un phénomène pour en saisir l'essence. Surface, matière, contexte, processus de réalisation, tout a une importance.

Saint-Alexandre • (418) 495-1046 jogodro@globetrotter.net

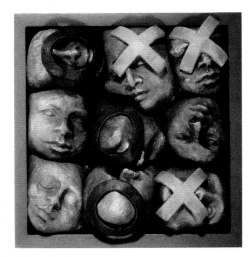

Jocelyne Gaudreau
Croix et mots

Les croix de chemin et les calvaires

Vous éprouvez un je ne sais quoi pour les croix de chemins et les calvaires? Vous serez servi au Bas-Saint-Laurent! Leur charme est-il lié au côté populaire et poétique des dramatiques icônes de la religion catholique? ... l'homme en croix avec sa couronne ou, plus souvent, les outils de sa crucifixion sur la croix nue ... clous, marteau, échelle, tenailles, soleil qui s'est obscurci au moment de sa mort, lune pour faire le pendant au soleil, coq haut perché qui chanta lorsque Pierre renia Jésus. Plus rarement, on ne voit qu'un chapelet autour des branches de la croix.

Le calvaire est une version monumentale de la croix de chemin à laquelle est intégré un Christ crucifié et parfois quelques personnages complémentaires, Marie et Jean principalement. Hérité de l'art roman en Europe, le calvaire «rapprochait» de la terre sainte, ou simplement des lieux du culte. Il semble que les Bretons aient été nos ancêtres les plus prompts à implanter une telle tradition. Par la suite, quelques croix et calvaires furent érigés en lien avec les «campagnes de tempérance». Ce fut le cas du calvaire de Saint-Germain, sculpté par Louis-Thomas Berlinguet et l'un des plus beaux du Québec, qui portait l'inscription: «Érigé en 1850 à la demande du curé Quertier, apôtre de la tempérance par des citoyens émus de la mort d'un campagnard en boisson trouvé gelé à cet endroit.»

Nathalie Le Coz

Miguel Forest. *La vallée des parfums*

Miguel Forest • Le graphisme conduit vite ce jeune artiste à la peinture. Depuis 1995, il produit et participe à de nombreux symposiums de peinture. Il a adopté le Bas-Saint-Laurent qui regorge de sujets de prédilection à ses yeux : le fleuve et ses espaces ouverts, la forêt dans son mystère et sa profusion de vie.

Sainte-Hélène • (418) 492-1008
forestmiguel@videotron.ca

La tisserande **Christine Gauthier** nous rappelle qu'il n'y a pratiquement que dans le bain que nous ne sommes pas en contact avec le textile. Parmi l'infinité des fibres, c'est la soie qu'elle préfère. Chaque foulard qu'elle tisse est une nouvelle aventure dans l'univers des textures. Le reflet de la lumière sur les étoffes de sergé la fascine. Délaissant parfois le tissage sur lames multiples, elle crée des petits tableaux en fusion ou papier de soie.

Saint-Denis de la Bouteillerie
(418) 498-3986 ou
christine.gauthier@globetrotter.net

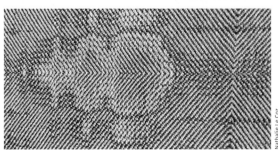

Nathalie Le Coz

■ **Lucie Laroche** • Forger, découper, souder, polir ou dépolir le métal, l'or ou l'argent, le transformer en petits objets, mettre en valeur les pierres, le verre, les bois d'orignaux ou de caribous, les coquillages : chacune de ces étapes est une source de plaisir pour cette joaillière. Pour elle, le bijou est plus qu'une parure. C'est une forme d'expression, une petite sculpture qu'on peut transporter et exposer sur soi.

Saint-Onésime • (418) 856-9994
laroche.lucie@sympatico.ca

La boutique des Artisans des Aboiteaux

La boutique, en face des battures de Saint-André de Kamouraska, est une vitrine sur la création d'ici en métiers d'art. Paul Baulne et Sylvianne Guay, maîtres des lieux et de l'auberge attenante, connaissent intimement les quelque 35 artisans dont ils exposent les œuvres et vous parlent volontiers d'eux et de leur démarche. 280, route 132 Ouest, Saint-André-de-Kamouraska • Tous les jours de 9h à 17h de mi-mai à mi-octobre (418) 493-2495

www.aubergedesaboiteaux.com

■ **Julie Daigle** a une admiration pour la mer et une passion pour la lumière et le design. Elle sillonne des kilomètres de rivages pour y cueillir des épaves de bois flotté auxquelles elle redonne une seconde nature en créant des lampes. Des vieux fers à repasser et des poutres à peine équarries reprennent vie aussi entre ses mains. Le design de chaque lampe obéit à l'équilibre des formes, à la grâce née de la combinaison de l'artistique et du fonctionnel.

Sainte-Hélène • (418) 492-5601
www.creationsecondenature.com

■ **Jeanne Paré** est passée maître dans la confection de pièces de céramique, en partie tournées et en partie façonnées, aux formes précises. Ses engobes sur faïence donnent des couleurs qui ont de l'éclat. La plupart de ses pièces sont utilitaires. Certaines pièces plus sculpturales sont cuites selon la technique primitive de l'enfumage. Ces dernières, produites en collaboration avec **Stephan Kocura**, sont une heureuse combinaison de contrôle et du hasard créé par le feu.

Rivière-Ouelle • (418) 856-9913

Nathalie Le Coz

■ **Lise Rodrigue** carde, file, teint, tisse, tricote la laine des moutons, chèvres, chiens, et même le crin des chevaux. Elle transforme la fibre en rideaux, couvertures, tapis, bas, gants de crin, chandails, selon vos besoins. Elle maîtrise également la vannerie. D'un frêne, elle tire de grands paniers à champignons.

Saint-Germain • (418) 492-1914

Circuits patrimoniaux de Saint-Pacôme, Saint-Pascal et Kamouraska

Rien de plus agréable que de se dégourdir les jambes en se promenant dans ces villages. Où que vous posiez les yeux, vous serez charmés, entre autres par certaines maisons, chefs-d'œuvre d'architecture chargés d'histoire. Des panneaux d'information nourriront votre curiosité. Des brochures ou des dépliants publiés à l'occasion par les municipalités donnent un complément d'information. Jetez un coup d'œil dans les bureaux d'information touristique.

Le petit bottin culturel du Kamouraska

Autres lieux à découvrir

La Route des métiers d'art, documentée par un dépliant offert dans les bureaux touristiques, suggère la visite d'ateliers-boutiques dans toute la région du Bas-Saint-Laurent.

L'ancien Palais de justice de Kamouraska
Centre d'art et d'histoire aménagé dans l'ancienne cour du district judiciaire de Kamouraska-Rimouski
111, av. Morel à Kamouraska • Ouvert en haute saison.

La **Galerie Marie Ancelin**
Sélection d'œuvres d'artistes québécois
156, av. Morel à Kamouraska • Ouvert en haute saison.

Le **Musée de Kamouraska** • Histoire, ethnologie et art traditionnel. Exposition permanente sur le mode de vie des ancêtres • Ouvert en haute saison et à l'automne sur demande.
Reg'Art dans une ou plusieurs salles de Kamouraska et de la région. À surveiller en haute saison : les expositions du regroupement d'artistes.

Adresses utiles

Archives de la Côte-du-Sud et du Collège de Sainte-Anne •
Administré par la **Société historique de la Côte-du-Sud**, le Centre conserve documents, textes, cartes et plans, microfilms et vidéocassettes, photographies et ouvrages de références d'intérêt généalogique ou portant sur l'histoire de la région. La Société publie trois fois l'an *Le Javelier*, une revue dédiée à l'histoire régionale (disponible au centre d'archives)
100, 4e avenue à La Pocatière • (418) 856-2104
www.shcds.org

École de musique du Collège de Sainte-Anne
100, 4e avenue à La Pocatière • (418) 856-3012
emcsa@leadercsa.com

La région de
Rivière-du-Loup
autour d'une petite ville centre

A View of the Bridge at Rivière de Loup taken from the South West

UNE POINTE, L'ESTUAIRE d'une rivière abrité du vent du nordet, le début d'un sentier de portage millénaire qui relie au lac Témiscouata, il n'en fallait pas plus pour que quelques colons français s'y établissent, il y a environ 300 ans. Par la suite, le bourg de la rivière du Loup se transforme tour à tour en carrefour maritime, ferroviaire et routier. Plus récemment, la révolution tranquille y a légué cégep, musée, centres commerciaux et culturels. Aujourd'hui, la petite ville de près de 20 000 habitants compte une bibliothèque et une maison de la culture, une école de musique, 50 bars et restaurants, deux hôpitaux et deux arénas, une politique patrimoniale, des écoles, des parcs et une marina, et un quai d'où part le traversier vers Charlevoix.

Rivière-du-Loup et les municipalités voisines partagent de vastes tourbières lucratives, et bien des questions entourant sur l'implantation d'un parc éolien dans l'axe des villages de

Rivière-du-Loup en 1785

On comptait 4 habitants blancs en 1683 et une cinquantaine de personnes seulement, en 1762. L'essor véritable se fit après 1800, sous Alexandre Fraser, seigneur britannique qui donnera son nom à la ville, Fraserville, jusqu'en 1919.

A view of the Bridge at Rivière du Loup, James Peachey, circa 1785 (C-045560) Bibliothèque et Archives Canada.

Cacouna, Saint-Arsène, Saint-Modeste et Saint-Épiphane et d'un port méthanier à Cacouna. Tout près, sur le littoral, Notre-Dame-du-Portage et Cacouna jouent leur rôle d'accueil auprès des vacanciers et de quartiers résidentiels excentrés. Plus à l'est, il y a L'Isle-Verte, soit le village des poissonneries et de la filature, et l'île Verte, celle qu'on appelle la « p'tite île », où une trentaine de résidants permanents choisissent encore aujourd'hui de vivre à l'écart pendant les mois où ni le traversier ni le pont de glace ne les relient à la terre ferme. Dès qu'on quitte le littoral vers le sud, on entre à la campagne et dans ses villages. Pour y accéder, on grimpe sur les flancs des monts Notre-Dame, par paliers ou terrasses au relief arrondi. Longtemps, rang après rang, on voit et on apprécie la vue du fleuve et des montagnes de Charlevoix. Sentiers de véhicules tout-terrains et de motoneiges, de bûche et de ski de fond quadrillent le territoire.

Le patrimoine est au cœur des préoccupations des gens. La beauté des paysages, le respect des maisons et des bâtiments anciens, et l'intérêt pour le passé de la région sont palpables. Livres écrits sur la région, circuits patrimoniaux, aménagement des villages et des rangs, et entretien irréprochable des fermes témoignent de cette fierté puisée à même l'histoire des lieux.

Le marché public à Rivière-du-Loup au début du 20ᵉ siècle
J.-Adélard Boucher, Musée du Bas-Saint-Laurent

« Déjà, près de la gare du Grand Tronc, il s'est formé tout un nouveau village qui a l'aspect d'une petite ville animée et prospère. Le voyageur s'y reconnaît à peine et il ouvre les yeux pour se rendre compte de ce progrès rapide ; ce n'est pas, pour dire vrai, que la Rivière-du-Loup menace de devenir un Chicago d'ici à vingt ans. »

Arthur Buies, *Petites chroniques du Bas-du-Fleuve*, 1877, publié aux Éditions Trois-Pistoles, 2003

Rivière-du-Loup vers 1925

Rivière-du-Loup

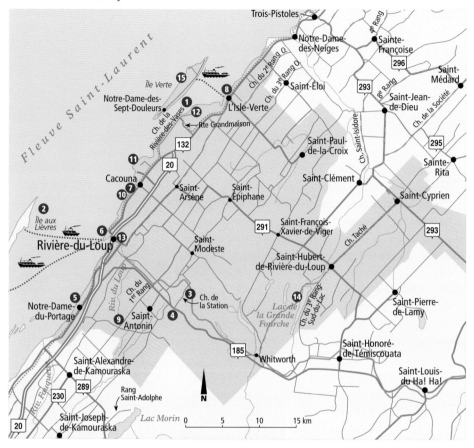

Fleuve Saint-Laurent

Trois-Pistoles

Notre-Dame-des-Neiges

Sainte-Françoise
296

Saint-Médard

Île Verte
15

Notre-Dame-des-Sept-Douleurs
1
12

8

L'Isle-Verte

Saint-Éloi
293

Saint-Jean-de-Dieu

Ch. de la Société

Rte Grandmaison

Ch. de la Rivière-des-Vases

132

Saint-Paul-de-la-Croix

295

Sainte-Rita

11

20

Cacouna
7

10

Saint-Arsène

Saint-Épiphane

Saint-Clément

Saint-Cyprien

Ch. Saint-Isidore

2

Île aux Lièvres

6

13

Rivière-du-Loup

Saint-Modeste

Saint-François-Xavier-de-Viger
291

Ch. Tâche

293

Saint-Hubert-de-Rivière-du-Loup

5

Notre-Dame-du-Portage

9

Saint-Antonin

3

Ch. de la Station

4

14

Lac la Grande Fourche

Ch. du 3e Rang Sud-du-Lac

Ch. du 1er Rang

Riv. du Loup

Saint-Pierre-de-Lamy

Saint-Honoré-de-Témiscouata

185

Whitworth

Saint-Louis-du Ha! Ha!

Saint-Alexandre-de-Kamouraska

289

230

Rang Saint-Adolphe

N

Saint-Joseph-de-Kamouraska

20

Lac Morin

0   5   10   15 km

Riv. Fouquette

1 . «Sentier de la bouette» Pont de glace	7 . Parc de la Fontaine Claire	14 . Lac de la Grande Fourche
2 . Île aux Lièvres	8 . «La Spartine» et «la Digue»	15 . Île Verte
3 . La Foulée	9 . Barrage de la Mohawk	
4 . Club de ski de fond Amiski	10. Plage de Cacouna	.... Route Verte
5 . Plage de Notre-Dame-du-Portage	11. Marais de Gros Cacouna	- - - Rangs à vélo
6 . Pointe de Rivière-du-Loup	12. Sentier «Le Roitelet»	——— Piste cyclable «Petit Témis»
	13. Parc des chutes et Platin	

Nature

*« Je ne cesse d'être fascinée par le fleuve à Rivière-du-Loup.
Il aère la ville, il relie entre eux ses éléments géographiques épars.
Il est toujours là pour inviter au voyage ceux qui ne partent pas. »*

Marcella Maltais, *Rivière-du-Loup couleur sépia*, Éditions du Lac, Montréal, 1997

▶ Événements et activités organisées

Le «sentier
de la bouette»

■ «**Le sentier de la bouette**» à l'île Verte : un événement à ne pas manquer !
Depuis près d'une vingtaine d'années, en juillet, on emprunte le lit du fleuve
à partir de la terre ferme jusqu'à l'île Verte, à pied sec !... N'oubliez toutefois
pas vos vieilles espadrilles. Cette traversée de 4 km (2 heures environ) se fait
aujourd'hui une fois l'an, comme elle se faisait régulièrement autrefois à
marée baissante et lors des plus basses mers du mois. Cette balade, une
véritable fête, se fait sous la direction de guides insulaires.

Réservation obligatoire :
(418) 898-3542 • (activité payante)

Marche • Observation des oiseaux

▨ **L'île aux Lièvres**, longue de 13 km au milieu du fleuve, est bordée des petites **îles du Pot à l'Eau-de-vie** appelées plus familièrement Brandy Pot. Elle offre **un réseau de 40 km de sentiers**. Des départs quotidiens pour l'île donnent la possibilité d'une balade d'une journée. Quelques chalets, une auberge et plusieurs aires de camping permettent d'y séjourner plus longtemps. Dès le quai de débarquement, on a vue sur les colonies d'eiders dont les femelles caquettent pour rappeler leurs petits au moindre mouvement des prédateurs, comme le goéland à manteau noir. Au printemps circulent aussi quantité de guillemots et de petits pingouins. Les bélugas ont pour lieu de prédilection la pointe ouest de l'île, tandis que la pointe est, à marée basse, devient parfois le repaire des phoques communs et gris qui réchauffent leur graisse au soleil. Le sentier de la corniche surplombe l'île vers la voie maritime du fleuve, à hauteur d'yeux des montagnes de Charlevoix. Les départs quotidiens en bateau, dont les horaires varient avec les marées, se font de la fin mai à septembre à partir de la marina à la Pointe de Rivière-du-Loup – Possibilité d'hébergement au Phare jusqu'à l'Action de grâce.

Flânerie à l'île aux Lièvres. Photo : Mélanie Doré

La Société Duvetnor qui gère l'île a été créée en 1979 par une poignée de biologistes dans le but de protéger la faune très riche qui niche dans les îles du Saint-Laurent.

Frais d'accès : prévoir des frais d'accès pour le traversier et pour une nuit de camping (jusqu'à 6 personnes) frais d'hébergement en chalet ou au phare.

Réservations : Société Duvetnor Ltée, C.P. 305, 200, rue Hayward à Rivière-du-Loup (418) 867-1660. **www.duvetnor.com**. Pour des raisons de conservation, il est défendu d'approcher les îles en bateau et même en kayak.

La contrebande d'alcool

Les îles du Pot à l'Eau-de-vie furent nommées ainsi au 17e siècle à cause de leur forme dit-on, bien avant la contrebande d'alcool. Vocation prédestinée ! On associe les îles du Pot à l'Eau-de-vie au trafic d'alcool vers les États-Unis durant la Prohibition. Et pour cause ! Au cours des années 1920, on stockait en permanence dans les cavernes de l'île du Pot-du-Phare 8 000 à 9 000 caisses de scotch, gin, sherry, brandy en provenance de Saint-Pierre-et-Miquelon. Ces îles au large du Golfe du Saint-Laurent, admirablement situées, appartenaient à la France depuis la signature du traité de Versailles en 1783. Aux portes du Canada qui contrôlait la distribution et taxait l'alcool sur son territoire, et des États-Unis qui en interdisaient totalement la fabrication

The Brandy Pot Rocks, Lower St. Lawrence, lithographie de Bohuslav Kroupa dans *Canadian Illustrated News* 3/30/1872 (C-041063) Bibliothèque et Archives Canada

et la vente jusqu'au lendemain de la crise économique de 1929, les îles de Saint-Pierre-et-Miquelon devinrent la plaque tournante de la contrebande... Al Capone en personne s'y rendit pour négocier ses affaires !

Quant au fleuve Saint-Laurent, il suffisait d'en remonter le cours pour pénétrer vers l'ouest de l'Amérique assoiffée. Dans le Bas-du-Fleuve, champagne, rhum, vin, whiskey et « Hand Brand », un alcool distillé à Saint-Pierre, débarquaient par caisses à l'anse à Mouille-Cul et l'anse à Voilier au Cap à l'Orignal en face du Bic, à l'islet au Flacon et Saint-Fabien, à Trois-Pistoles, à Cacouna et aux îles du Pot à l'Eau-de-vie, en transit vers le Témiscouata, à destination du Nouveau-Brunswick et du Maine... Toutes les bouteilles ne passaient pas la frontière. Les gosiers québécois avaient un net penchant pour les produits non taxés....

Ski de fond et raquette

▪ **La Foulée à Saint-Modeste** : un centre de ski de fond et de raquette dont les sentiers traversent des terres de la couronne sur 30 km, en boucle ou linéaires. Trois refuges jalonnent les sentiers. Repas communautaires au chalet d'accueil et sorties en groupe célèbrent tout au long de l'hiver les nuits de pleine lune !

Informations : (418) 862-5890
Équipement offert gratuitement aux invités des membres saisonniers.

▪ **Le Club de ski de fond Amiski** de Saint-Antonin propose un circuit de 20 km environ, incluant deux refuges, qui se termine par un relais chauffé, partagé avec les amateurs de motoneige. On peut louer de l'équipement de ski de fond au chalet d'accueil qui donne sur la route 185 à proximité du restaurant la Mie du Voyageur.

Informations : (418) 868-2647

Nathalie Le Coz

François Provost

▶ Sorties rafraîchissantes et randonnées pour tous

**Mise à l'eau • Baignade • Point de vue et observation
Pique-nique • Marche**

■ **La petite plage de Notre-Dame-du-Portage :** une petite plage de gravier à droite du quai, un lieu de baignade très agréable, surtout à marée montante quand le soleil a plombé plus tôt dans la journée. C'est aussi un lieu idéal de mise à l'eau pour le kayak de mer avec stationnement à proximité. Une piscine d'eau salée orientée vers le fleuve et un parc pour les enfants jouxtent la petite rue qui mène au quai.

■ **La Pointe de Rivière-du-Loup •** Un classique : flâner à la Pointe, à pied, en vélo, en patins à roues alignées et même en voiture. La splendeur des couchers de soleil est presque garantie ! Il y a une mise à l'eau en allant vers le quai à partir de la Côte-des-Bains.

Déjeuner dans les îles, J.-Adélard Boucher, circa 1910.
Musée du Bas-Saint-Laurent

Les Malécites d'aujourd'hui

Les Malécites du Québec sont coupés depuis longtemps du noyau de leur nation, encore sise sur les bords du fleuve Saint-Jean au Nouveau-Brunswick. Séparés par la sédentarisation, dispersés, métissés, mariés à la communauté blanche, cette communauté autochtone du Québec en est venue en 1987 à se reconstituer comme nation en créant tout d'abord un Conseil de la Nation Malécite. Celui-ci siège sur la plus petite réserve autochtone au Canada... 0,17 hectare à Cacouna,

Un départ du Amalécite I pour la pêche à la crevette et au crabe des neiges.
Photo : Nathalie Le Coz

à la pointe, au bout de la rue du Quai. Pourtant, la connaissance des plantes médicinales, les techniques de vannerie, tout a disparu. Même la langue n'est plus parlée. Mais au contact des gens sur la réserve, on saisit la profondeur de la mémoire des individus. Elle fait remonter chez certains des souvenirs d'enfance... un panier transmis par une grand-mère, ou le silence entourant les origines familiales. Aujourd'hui, les descendants comprennent le dessein des anciens qui ont enfoui leur identité. Ils ont préféré éviter aux générations futures de vivre dans un monde à part.

Entre L'Isle-Verte et l'île Verte pousse le foin de mer ou herbe à bernache qui a servi au début du 20ᵉ siècle au rembourrage. Cette plante fit naître, jusque vers 1930, une industrie assez florissante au village de L'Isle-Verte jusqu'à ce qu'une épidémie s'y attaque. Elle pousse de nouveau dans le fleuve depuis les années 1990.

Pêcheurs sur le quai

▓ Le petit **parc de la Fontaine Claire** et la **réserve Malécite** adjacente, au bout de la rue du Quai à Cacouna, regardent vers l'amont du fleuve. Des bancs et un abri vitré dans le parc invitent à faire une pause. Le quai de Cacouna, aujourd'hui gigantesque et construit en aval, était autrefois au bout de la pointe rocheuse de ce petit parc. De là, on pouvait observer les vacanciers sur la plage à gauche lorsqu'on regarde le fleuve. Ne manquez pas d'aller saluer les gens sur la réserve !

▓ «**La spartine**» et «**La Digue**» : courts sentiers de la Réserve nationale de faune de L'Isle-Verte dans les herbes de la batture. Ce lieu est une halte incontournable des oies blanches, surtout à l'automne, et une aire de nidification des canards noirs. Les sentiers débutent sur la route du Quai à L'Isle-Verte, l'un vers l'ouest et l'autre vers l'est — 800 m linéaires — N'hésitez pas à vous rendre jusqu'au quai pour profiter plus longuement de son animation !

■ **Le barrage de la Mohawk sur la rivière du Loup, chemin du 1ᵉʳ Rang de Saint-Antonin** • Au pont, on peut emprunter à pied sur quelques dizaines de mètres un chemin de VTT qui nous rapproche du barrage et de la chute impressionnante à eau haute et de la retenue d'eau en amont. Lieu de prédilection pour reprendre contact avec l'eau durant les journées ensoleillées au dégel, on y amène une chaise de camping, un livre et de la crème solaire. Le hameau qui borde le rang et la rivière a quelque chose d'enchanteur.

Jacques Larivée

Harfang des neiges

Marche • Baignade

■ **La plage et la grève rocheuse entre Cacouna et la Pointe de l'Anse au Persil** • De Cacouna, la balade débute sur l'une des plus belles plages de la région, sertie d'une haie d'églantiers sauvages qui embaume tout autant que l'air salin. On recommande la baignade à marée montante vers la fin d'une journée chaude et ensoleillée. Des milliers d'estivants, depuis plus d'un siècle et demi, y prennent des bains d'eau salée. Il est possible d'aller jusqu'à la Pointe de Rivière-du-Loup si l'on est prêt à traverser un ruisseau (cours d'eau Beaulieu) assez profond à marée haute dans l'Anse au Persil • **8 km linéaires environ** • On peut accéder à la plage par la rue du Quai, puis la rue Desjardins à Cacouna.

Digue à Cacouna
Photo : François Provost

Marche • Raquette

Roche et glace à Cacouna
Photo: François Provost

▧ **Le Marais de Gros Cacouna**, aire de nidification de hérons, bihoreaux, râles et bécasseaux, propose 7 km de sentiers dont une section dans un immense champ de fraisiers sauvages. Puis, une boucle s'approche et tourne le dos au port de Gros Cacouna en grimpant dans un boisé. Le versant nord de ce sentier, au sommet d'une arête rocheuse, offre une vue sur un fleuve sauvage. Les vagues se brisent sur des récifs au pied de la pointe ouest de l'île Verte. Hiver comme été, beau temps mauvais temps, cette balade met en contact avec le large. Attention! Les poteaux et fils électriques qui longent le chemin pour s'y rendre sont autant de postes de vigie de crécerelles durant la belle saison. En hiver, on peut y rencontrer harfang des neiges et chouette laponne! • **Réseau de 7 km** • Le chemin d'accès entre la route 132 et le stationnement n'étant pas toujours déblayé en hiver, il faut ajouter à la promenade 1,3 km aller simple.

▧ **Le sentier «Le Roitelet»** dans la Réserve nationale de faune de la Baie de L'Isle-Verte, sur le bord du fleuve, fait face à l'île Verte. Il contourne un marais aménagé essentiellement pour la nidification du canard noir, et emprunte, sur quelques centaines de mètres, le flanc d'un monadnock. On y voit souvent des oiseaux de proie survoler les lieux. Les journées sans vent, le silence est tel qu'on entend des bruits en provenance de l'île Verte, et en saison, des oies cachées dans les herbes rousses de la batture • **boucle de 1,4 km** • On peut s'y rendre par le chemin de la Rivière-des-Vases, soit «la route verte» cyclable partagée avec les tracteurs et leur machinerie agricole. En hiver, l'accès en voiture n'est possible que par la route Grand-maison, seul tronçon d'accès qui est déneigé.

Cacouna, destination vacances !

Des milliers de vacanciers venaient chaque année aux stations d'eau de Cacouna durant toute la seconde moitié du 19e siècle. Une imposante clientèle anglaise du Canada et bon nombre d'Américains prenaient leurs vacances à moindres frais qu'ailleurs. Les touristes arrivaient en bateau à vapeur depuis Québec ou Baie-Saint-Paul. Avec la construction du Grand Tronc en 1860, on venait aussi en train. Beaucoup de vacanciers logeaient au chic Saint Lawrence Hall qui pouvait accueillir 600 personnes ! D'autres se faisaient construire des cottages parfois très cossus, ou louaient les maisons des habitants qui vivaient pendant quelque temps dans leur « maison d'été ».

Petit garçon et son chien, Jean-Baptiste Dupuis, circa 1910, Musée du Bas-Saint-Laurent

À la grande époque des « places d'eau », Cacouna vu par deux chroniqueurs

« La population locale, hormis les visiteurs saisonniers, s'élève à quelque 2000 personnes. Elle est principalement constituée d'agriculteurs qui ne semblent intéressés qu'à produire des denrées pour leurs propres besoins. Les hôtels s'approvisionnent à Montréal et à Québec. Les habitants semblent placides, satisfaits et sont dotés d'une bonne nature ; mais posez une question à ces gens (c'est du moins mon expérience) et ils répondront invariablement "sais pas". » Fred J. Hamilton, *A Trip Over the Intercolonial*, article tiré de *The Montreal Gazette*, 1876

Missie Harriet Frotingham avec son chien, fonds Nottman, Musée McCord

« Depuis deux jours que je suis ici, je parcours d'un bout à l'autre ce village qui n'existait pas il y a vingt ans, et qui aujourd'hui a plus de deux milles de longueur, avec des maisons élégantes, presque aussi proches les unes des autres que celles de la ville, eh bien ! je n'ai pas encore entendu un mot de français, si ce n'est des habitants qui viennent vendre leurs produits et des cochers qui mènent les visiteurs. Déjà quelques Américains, fuyant le ciel corrosif de New York, sont venus à Cacouna avec leurs femmes pour respirer, disent-ils, et ils respirent tant qu'ils demandent, avec un grand sérieux, quelle est la distance entre Cacouna et le Pôle Nord. » Arthur Buies, *Petites chroniques du Bas-du-Fleuve*, 1871, publié aux Éditions Trois-Pistoles, 2003

■ **Le parc des Chutes et le Platin :** une bénédiction pour les marcheurs de tous âges et de toutes saisons à Rivière-du-Loup, un accès facile et spectaculaire par la ville. La grande chute de la rivière du Loup, coiffée d'un barrage, déverse ses eaux sur plus de 30 m de hauteur vers une paroi qu'elle couvre de glace épaisse en hiver. Une passerelle mène aux sentiers du Platin qui

bordent la rivière et ses chutes, en aval, traversent un verger et rejoignent un quartier de la ville à proximité de la rue Beaubien • **Réseau de 9 km de sentiers** • On peut faire une boucle dans le Platin lui-même, ou remonter par la rue Lafontaine qui sillonne la plus ancienne partie de la ville.

Nathalie Le Coz

Francis Pelletier

La grande chute de la rivière du Loup dans le Platin

Canot ou kayak d'eau calme • Baignade
Observation des oiseaux

◾ **Le lac de la Grande Fourche,** non loin des villages de Saint-Hubert et de Saint-Honoré, est un des rendez-vous préférés des vacanciers de la région. Planches à voile, ski nautique, kayaks et pédalos le sillonnent en tous sens en face de la plage publique et du camping (où vous pourrez d'ailleurs louer des kayaks ouverts). Toutefois, vers le sud-ouest, après un goulot qui ne laisse passer que les petites embarcations menées par les curieux, on pénètre par des canaux sinueux dans une vaste zone de marais d'où s'échappent une variété infinie de volatiles. À vos jumelles! Mise à l'eau au camping sur le chemin du 3e rang sud du lac.

Nathalie Le Coz

Chemin de la Rivière-des-Vases

Vélo • Marche

◾ **La Route verte** n'est autre que la route 132 qu'on délaisse un peu à l'est du village de Cacouna et du port pour emprunter le chemin de la Rivière-des-Vases, en contact direct avec le fleuve. Ce chemin est tout aussi agréable à pied qu'en vélo. Le parcours, dans son ensemble, alterne entre piste cyclable et chaussée partagée. À ne pas manquer! (carte disponible à Tourisme Bas-Saint-Laurent, voir adresse en p. 83)

Route verte
au printemps
à Cacouna

*L'île Verte est la
seule île du Bas-
Saint-Laurent
peuplée de façon
permanente, et ce,
depuis le début du
18ᵉ siècle.*

Le phare de l'île Verte,
le premier construit sur
le fleuve Saint-Laurent
en 1809.

DÉCOUVRIR LE BAS-SAINT-LAURENT

Mélanie Doré

■ **L'île Verte:** un monde à part. Durant la belle saison, les marées imposent le rythme des allées et venues du traversier qui relie l'île à la côte... ou la côte à l'île. Un pont de glace damé par les motoneiges ouvre l'accès à l'île au plus fort de l'hiver. Durant les périodes d'embâcles et de débâcles, seul un hélicoptère fait le lien, au besoin. Encore plus qu'ailleurs, la nature est maîtresse. En tout temps, cette île est magique. Durant la belle saison, on suggère la marche ou le vélo. Impossible de s'y perdre puisqu'il n'y a que deux routes: l'une qui va au village vers l'ouest ou vers la pointe est; l'autre qui traverse l'île vers le nord jusqu'au phare. Le marcheur peut emprunter la grève du côté nord (8 km environ du phare à la pointe amont de l'île). Toutes les terres sur l'île sont privées. Pour un séjour prolongé, on trouve de l'hébergement et un camping rustique côté nord, vis-à-vis du quai «d'en haut». L'eau potable est rare sur l'île. On se rend à l'île par bateau de la fin avril au début de novembre depuis le quai de L'Isle-Verte (voir le bottin, p. 83)

Informations: www.ileverte.net

Rivière-du-Loup : un carrefour

De par sa situation géographique, Rivière-du-Loup est toujours au carrefour d'activités qui ont emprunté d'abord les voies d'eau, puis les voies de chemin de fer et enfin le réseau routier. Mais c'est le train qui a donné à cette ville son envol économique. Entre 1880 et 1910, c'est la grande époque : on y voit se «construire trois églises (...), un palais de justice, les usines de la Fraserville Manufacturing, de la Fraserville Boot and Shoe, le collège des Frères des Écoles Chrétiennes, le couvent du Bon-Pasteur, les hangars et les entrepôts de l'Intercolonial, la gare et les ateliers du Témiscouata Railway, le marché public, le bureau de poste, l'hôpital Saint-Joseph, en plus des hôtels, des commerces, des banques, des résidences privées. Fraserville est certainement le paradis du maçon, du menuisier-charpentier. Ajoutons les travaux publics majeurs que représentent la pose d'un réseau d'aqueduc, l'électrification des rues... Une grande époque prospère, sans chômage.»

Extrait de *Rivière-du-Loup De la mission à la cité*, Régis Jean, Musée du Bas-Saint-Laurent, EDItexte, 1987.

Locomotive Birkenhead («Nelson») du chemin de fer du Grand Tronc, Rivière-du-Loup, vers 1860

Le fleuve et les rivières constituaient depuis le 17e siècle un véritable réseau de communication par voie d'eau utile à la traite des fourrures notamment. Au 18e siècle, ce réseau sera utilisé pour le transport du bois équarri à destination de l'Angleterre et du bois scié acheminé vers les États-Unis. «À compter de 1867, les journaux régionaux rendaient en partie compte de ces innombrables va-et-vient : livraison de beurre de L'Isle-Verte à Québec; de patates, de Rivière-du-Loup à Chicoutimi; transport du personnel et des fournitures pour les moulins de la rive nord et les forges de Moisie; livraison de bois de chauffage de la rivière Portneuf à Québec, des armatures de fer du pont de l'Intercolonial, et plus discrètement, de la contrebande d'alcool. Toute cette activité de cabotage nécessite une importante batellerie. En un demi-siècle, les recensements indiquèrent une forte croissance de la flotte bas-laurentienne : aux neuf bateaux de rivière de 35 tonneaux, en moyenne en 1831, on est passé en 1881 à une véritable flottille de 64 voiliers de grande navigation d'une jauge moyenne de 40 tonneaux. La seconde moitié du siècle constitue aussi l'âge d'or de la construction navale au Bas-Saint-Laurent, et toutes les paroisses riveraines possèdent, à un moment ou à un autre, un chantier naval improvisé. »

Du souvenir au devenir 2000, Société d'histoire et de généalogie de Rivière-du-Loup, La Plume d'Oie Édition-Concept.

En 1860, le chemin de fer relie Rivière-du-Loup à l'ouest du Canada. En 1867, une nouvelle ligne fait Rivière-du-Loup / Halifax, reliant ainsi le Canada d'ouest en est. En 1888, une nouvelle ligne vers Edmunston complète le réseau ferroviaire qui transite par Rivière-du-Loup. À savoir : les motivations à l'origine de la construction du Grand Trunk Railway puis des lignes de l'Intercolonial sont de nature politique bien plus qu'économique. Le gouvernement du Canada-Uni veut relier l'ensemble des colonies britanniques d'Amérique :

- les troubles frontaliers du début du 19e siècle avec les jeunes États-Unis en pleine expansion territoriale motivent cette unification au nord du 49e parallèle ;
- la seule voie d'accès ferroviaire aux ports de l'Atlantique ouverts à l'année passe par les États-Unis ;
- les provinces Maritimes ne veulent adhérer à la Confédération (1867) qu'à condition d'être reliées au reste du pays par voies de chemin de fer.

Rivière, barrage et pont ferroviaire, Rivière-du-Loup, vers 1870

Pause bicyclette

Vélo

■ **La piste cyclable le «Petit Témis»:** aménagée sur la voie de chemin de fer du Témiscouata, une des branches de l'impressionnant carrefour ferroviaire qui a fait les belles années de Rivière-du-Loup. Cette piste part de Rivière-du-Loup et se rend à Edmunston au Nouveau-Brunswick! Des stationnements aménagés en bordure de la piste de 134 km permettent de n'en faire qu'une section. Depuis le «Petit Témis», on suggère un détour au lac de la Grande Fourche par le chemin du 3$^\text{e}$ rang du lac (vers Saint-Honoré).

■ **Les rangs** • La route qui relie **Rivière-du-Loup à L'Isle-Verte en passant par Saint-Arsène**, en hauteur, offre une vue constante sur le fleuve. Elle est fréquentée par les automobilistes, surtout aux heures de pointe. De Rivière-du-Loup, on prend cette route par la rue Beaubien. **Une boucle qui fait L'Isle-Verte - Saint-Éloi**, en empruntant les 2ᵉ et 3ᵉ rangs, est une escapade à la campagne. Bien d'autres circuits «à la carte» présentent de l'intérêt : on pense à une traversée des terres entre Whitworth et Saint-Cyprien par exemple, en prenant le chemin Taché.

Nathalie Le Coz

Mélanie Doré

Ours, à St-Paul-de-la-Croix

Cueillette des fraises vers Saint-Arsène

◗ À l'aventure !

Nathalie Le Coz

Fumoir sur l'Île Verte

Ski de randonnée • Marche

■ **La traversée du fleuve jusqu'à l'île Verte** en ski de fond ou à pied par le pont de glace a quelque chose d'inoubliable. Sur l'île, les routes ne sont empruntées que par les motoneigistes. Qu'elles vous mènent vers les pointes amont ou aval de l'île, ou encore au phare qui regarde vers Charlevoix, elles sont faciles à emprunter en ski et propices au pas de patin. On recommande de s'y aventurer une journée où le vent est clément et de faire attention à la circulation des motoneiges. Le pont de glace, praticable du début de janvier à la mi-mars environ, est accessible par la route Grandmaison vers le fleuve à l'ouest de L'Isle-Verte. On stationne à l'héliport sur la côte. Restaurant et gîte sur l'île peuvent vous accueillir.

Kayak de mer

■ **La Route bleue du sud de l'estuaire**
• Voir **Route bleue** au chapitre sur le Kamouraska, page 40.

Francis Pelletier

Le petit bottin de la nature
de la région de Rivière-du-Loup

Autres lieux à découvrir

Le circuit touristique et patrimonial de l'île Verte
comprend la visite du phare (le premier construit sur le fleuve
Saint-Laurent), le **Musée du Squelette** qui s'intéresse
particulièrement aux mammifères marins et terrestres,
aux oiseaux et aux reptiles, et l'école Michaud, devenue
un centre d'interprétation · (418) 898-4055
www.ileverte.net

Camp Richelieu Vive LaJoie pour les 5 à 17 ans.
26 route de la station à Saint-Modeste ·
1 877 (ou 418) 862-5919

Adresses utiles

Office du tourisme et des congrès
189, boul. de l'Hôtel-de-Ville
(418) 862-1981 ou 1 800 825-1981
www.riviere-du-loup.ca

Tourisme Bas-Saint-Laurent
(418) 867-3015 ou 1 800 563-5268
www.tourismebas-st-laurent.com

Pour traverser en bateau à l'île Verte
Traversier *La Richardière* : (418) 898-2843
ou **www.inter-rives.qc.ca** · Bateau-taxi : Jacques Fraser
(418) 898-2199 (traversée payante sans véhicule)

Camping le Myosotis sur l'île Verte
(également halte de la Route bleue) : (418) 898-2443

Location de vélos · Hobby Cycle au 278, rue Lafontaine
à Rivière-du-Loup · (418) 863-1112

Carte du réseau cyclable sur demande
www.tourismebas-st-laurent.com · 1 800 563-5268

L'arrivée des figurants (extraits). Épreuve argentique de Raymonde April 1997.

Raymonde April a grandi à Rivière-du-Loup où elle revient tous les ans. Photographe et artiste, elle est reconnue au Canada et à l'étranger pour sa pratique minimaliste inspirée du quotidien, au confluent du documentaire, de l'autobiographie et de la fiction.

Culture

Or voici que verdoie un hameau sur les côtes
Plein de houx, orgueilleux de ses misères hautes.

Émile Nelligan (dans *Petit Hameau*)

Nelligan séjourne à Cacouna durant l'été avec ses parents, de 1886 à 1898.
Il y écrit. Ses premières publications datent de 1896.

▶ Événements culturels

■ **Le Camp littéraire Félix** offre des ateliers d'écriture, de la formation et du perfectionnement aux écrivains de tous calibres en poésie, roman, récit, haïkus. Un mentor suit les travaux des participants en quête d'une direction littéraire. Les ateliers, dirigés par des écrivains chevronnés, durent entre deux et cinq jours. Le Camp Félix fut fondé en 1990 à Esprit-Saint. Après quelques années, il s'est déplacé vers Notre-Dame-du-Portage, un site particulièrement inspirant pour cette activité. Le camp reçoit environ 70 stagiaires annuellement, de toutes provenances au Québec. À surveiller en août et septembre à l'Hôtel de la Plage à Notre-Dame-du-Portage : l'un des écrivains invités est convié à présenter ses œuvres et à en faire une lecture publique.

Description des ateliers et horaire des lectures publiques disponibles sur www.camplitterairefelix.com
(418) 856-5353

▶ Grands diffuseurs et institutions

Le Musée du Bas-Saint-Laurent présente en permanence ***Intersections***, une exposition sur l'histoire de Rivière-du-Loup et de la région. Construite à partir de la très vaste collection de photographies anciennes du musée, l'exposition campe Rivière-du-Loup dans son rôle de carrefour à diverses étapes de son développement.
Le musée abrite une intéressante collection d'œuvres d'artistes québécois qui ont évolué dans les années 1950 à 1980, dont des grands noms parmi les automatistes et les plasticiens. Surveillez les expositions en art contemporain.

300, rue Saint-Pierre à Rivière-du-Loup
www.mbsl.qc.ca • (418) 862-7547

« *Parade de Pâques* » de Marcella Maltais dans *Rivière-du-Loup couleur sépia*, Éditions du Lac, Montréal, 1997 ;
Collection du Musée du Bas-Saint-Laurent

Marcella Maltais

« De frais tableaux d'été proches de ces toiles bleutées du faubourg Saint Martin, mais surtout une série de dessins intitulés *Rivière-du-Loup couleur sépia*, scènes d'une enfance heureuse, mais revues d'un pinceau délicatement chagrin. » Voilà ce que signait Lise Bissonnette dans *Le Devoir* en 1997 à propos du récit autobiographique de l'artiste ponctué de dessins.

Connue et appréciée dans le monde pour ses œuvres abstraites qui s'inscrivaient dans le grand courant québécois des années 1950, Marcella Maltais épuise ce genre et se tourne vers le figuratif. Boudée, elle poursuit néanmoins ses 40 années de carrière. Elle a donné ses dessins qui racontent son enfance passée à Rivière-du-Loup au Musée du Bas-Saint-Laurent.

Artistes et artisans

en ateliers, en galeries ou en boutiques

La salle l'Exergue
du Musée du Bas-Saint-Laurent

Plusieurs fois par année, le musée consacre une de ses salles à des expositions solos d'artistes de la région du Bas-Saint-Laurent ou d'artistes de la relève québécoise en art actuel.

Voir à l'Est

Regroupe une trentaine d'artistes du Bas-Saint-Laurent œuvrant pour la plupart en arts visuels. Le regroupement est là pour stimuler la création en organisant des événements, des expositions collectives, des rencontres entre artistes. Sans domicile fixe, *Voir à l'Est* expose dans des lieux consacrés, insolites ou en plein air.

Coordonnées par le Conseil de la culture du Bas-Saint-Laurent : **www.crcbsl.org**

Copié collé de Jocelyne Gaudreau, Platin, juin 2005

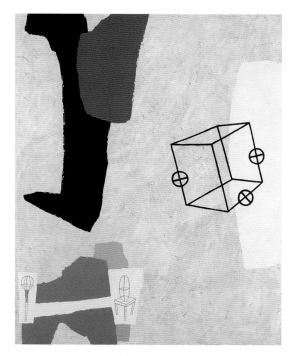

*Inflexion n° 3
de Michel Lagacé*

■ **YOURI BLANCHET** • Par assemblage et modification, ce sculpteur procède à une théâtralisation d'objets récupérés. Parfois, ces éléments trouvés servent de support à l'œuvre. Le plus souvent, ils s'imposent comme matière d'expression. Cet artiste est homme de dialogue, avec les objets, comme avec les gens qui l'entourent.

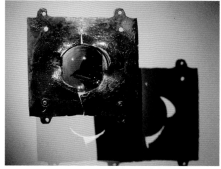

In Nomine Patri de Youri Blanchet

■ **MICHEL LAGACÉ** produit un véritable répertoire de signes inspirés des formes de différentes cultures, ou des objets du quotidien. Des formes abstraites aux couleurs contrastées voisinent des petites scènes schématiques. L'étalement et le métissage des signes dans l'espace de la peinture créent des figures ambiguës dont le sens est toujours à la dérive. Cet artiste, connu des collections canadiennes, a exposé en Europe.

■ **MICHEL ASSELIN** dessine. Ses œuvres au crayon ou au pastel représentent avec simplicité et tendresse des êtres, des choses, un environnement saisis dans un instant de vérité : « Ce sont en somme les scènes que je vois et qui s'accrochent à mes crayons et à mes pinceaux ; elles sont mes paysages et mes amours. »

La croix de Michel Asselin

franC doc

est une jeune maison de production cinématographique dans la région de Rivière-du-Loup. Surtout documentaristes, les réalisateurs de franC doc développent une réflexion personnelle sur la vie en milieu rural, tout en gardant l'œil ouvert sur les grands chambardements qui agitent la planète. Les films de franC doc sont disponibles en communiquant avec les réalisateurs Karina Soucy et Nicolas Paquet :

www.francdoc.com

Verdoyant pure laine réalisé par **Karina Soucy** trace le portrait de Gérald, le plus jeune et combien sympathique résidant permanent de l'île Verte. Engagé dans le microcosme de ce lieu insolite et déserté, Gérald désire de tout cœur maintenir la survie d'un mode de vie insulaire. Quel moyen prendra-t-il pour arriver à ses fins ?

Gérald Dionne lors du tournage sur l'île Verte

Sans titre de
Richard Doutre

Maison de la Culture de Rivière-du-Loup

Sise dans l'ancienne résidence des Sœurs du Bon-Pasteur, la Maison de la culture abrite une petite salle d'exposition dans le foyer de la salle de spectacles au 2ᵉ étage. Ce lieu reçoit des expositions en tous genres, dont celles d'artistes de la région en art actuel. La Maison de la Culture accueille également **la bibliothèque municipale** (418) 862-4252, **la Société d'histoire et de généalogie de Rivière-du-Loup** (418) 867-4245 · **www.shgrdl.org**, et les répétitions de **l'École de théâtre Françoise-Bédard** (418) 862-9942 · **Ecoledetheatrefb@videotron.ca** · 67, rue du Rocher à Rivière-du-Loup · (418) 862-0906

La gourmandise du refus de Pierre Sénéchal

■ **PIERRE SÉNÉCHAL** a une production visuelle, sculpturale et littéraire continue depuis 1992. Les matériaux de l'artiste sont simples, modestes, nobles aussi: bois, papier, textiles, métaux, objets hétéroclites et pigments divers. Ces matières usuelles sont porteuses de leurs propres significations. Elles sont lignes, objets, formes, paysages, vie.
Rivière-du-Loup • (418) 868-0554

■ **RICHARD DOUTRE**, après avoir touché à la sculpture, a entrepris d'explorer peinture et dessin, sculpture et installation. Il entretient des réflexions à portée sociale et sur l'intervention du lieu dans la recherche sculpturale. Richard Doutre travaille également comme concepteur visuel, maquettiste et designer.
Saint-Clément • (418) 963-2677
doutrart@hotmail.com

Hétéroclite

La boîte à culture regroupe des artistes de la région: artistes visuels, gens de lettres, musiciens, artisans s'y côtoient, montent des expositions collectives, des animations et des événements artistiques auxquels le grand public est invité.
Heteroclite.rdl@hotmail.com

Art Académie • École • Atelier • Boutique

Il est possible de s'inscrire en tout temps à des cours de vitrail, ébénisterie, sculpture sur bois, dessin, peinture, calligraphie chinoise, aquarelle, mosaïque. Hors des heures de cours, des ateliers équipés sont à la disposition des artisans et amateurs. Une boutique présente des œuvres d'artistes de la région et professeurs de l'école. 343, rue Lafontaine à Rivière-du-Loup • (418) 862-6299

▪ **DIANE DUCHARME** • Médecin le matin et «accro» du verre l'après-midi, Diane Ducharme baigne dans le meilleur des deux mondes. Leur lien? L'humanisme... car elle ne vit pas sa passion pour le vitrail et la fusion du verre dans son coin, loin de là! Avec deux partenaires, elle a fondé à Rivière-du-Loup une école d'art où les passions sont transmises généreusement.

À la Pointe de Sen Fy Hoang

▪ **SEN FY HOANG** pratique l'aquarelle depuis 1993. Il représente avec ce médium les beautés de la nature et de la vie au Bas-Saint-Laurent. Né au Laos, il a adopté cette région en 1980. Son talent lui a déjà valu plusieurs prix lors de symposiums à travers le Québec, notamment à Saint-Germain-de-Kamouraska. **www.senfy.com**

■ **JOANE MICHAUD** est une touche-à-tout, de l'encre ou la gouache en aplat aux techniques de moulage de plâtre. Mais elle revient toujours au dessin au graphite. Ce médium lui convient. L'absence de couleur lui lance un défi: maîtriser le rendu d'un volume, d'un mouvement, d'une sensation. Elle suggère en laissant des blancs, en ne représentant que l'essentiel.

Manoir seigneurial Fraser

Le Manoir Fraser est la dernière demeure qu'habita Alexandre Fraser, seigneur de Rivière-du-Loup de 1802 jusqu'à sa mort en 1837. Puis ses descendants y habitèrent. Dans les années 1990, le manoir fut classé site historique, restauré et transformé en centre d'interprétation ouvert durant la belle saison. Tout l'étage supérieur est consacré à l'exposition d'œuvres d'artistes regroupés sous le nom de Convergence. Il s'agit d'une vingtaine de peintres, aquarellistes et sculpteurs de la région de Rivière-du-Loup. Un goût pour la représentation des paysages et une sensibilité unissent ces artistes. 32, rue Fraser à Rivière-du-Loup

www.manoirfraser.com • (418) 867-3906

Fleurs de soleil
de Joane Michaud

Lumière sur nos terres de France Beaudry

■ **FRANCE BEAUDRY**, peintre coloriste, fait découvrir la beauté des petits villages, le charme des campagnes, du fleuve et de la mer. Née en Gaspésie, elle a adopté le Bas-Saint-Laurent au point d'en être aujourd'hui une ambassadrice par l'image. Cette artiste reconnue et très productive parcourt la province, de symposiums en festivals de peinture.
Rivière-du-Loup • (418) 862-1559

■ **MARIE-JEANNE GAGNON •** Infatigable promeneuse, cette aquarelliste quitte volontiers les routes au profit des sentiers, à la recherche de paysages qui l'interpellent et dont elle fait des croquis. Puis c'est en atelier que, par sa maîtrise du médium, elle parvient à recréer des scènes toutes en transparence et luminosité.
Saint-Arsène • (418) 867-3374

■ **JEAN-MARC DE COURVAL** fabrique des meubles et des sculptures sur bois depuis... une mèche! Il dit de sa matière qu'elle est vivante et sans limite de transformation. Il conçoit des meubles alliant sculpture et fonction, et des sculptures. Est-ce plutôt dû au choix de ses sujets ou à leur traitement? Un certain romantisme émane de ses œuvres.
Rivière-du-Loup • (418) 862-4797

La rivière du Loup de Marie-Jeanne Gagnon

Sans titre de Jean-Marc De Courval

Les ermites et leurs légendes

Des hommes solitaires se sont réfugiés dans la nature bas-laurentienne. Si le Père Coton a laissé son nom à une montagne à Saint-Pascal dans le Kamouraska, il n'en va pas de même pour tous les « originaux ». D'autres ont vécu en gardant un secret qu'on croit être la plus insoutenable des douleurs et qui fut peut-être leur protection la plus sûre. Au revers de la conscience des gens, les autres, l'existence de ces hommes a nourri des histoires déraisonnables, des légendes qui persisteront toujours.

Nathalie Le Coz

Sur une île au large... Un homme de 21 ans arriva un jour de 1728 à Saint-Germain de Rimouski, d'on ne sait où. Il dit s'appeler Toussaint Cartier et émit le souhait de vivre sur l'île Saint-Barnabé, cette grande île qui s'étire en face de Rimouski. Elle était alors déserte. Le seigneur et le curé du temps exaucèrent ce vœu et l'aidèrent même à construire une toute petite maison et une étable pour une vache et des poules. De l'île, il traversait régulièrement au village à marée basse pour prendre part à la messe. Il vécut ainsi durant 39 ans. Un matin froid d'hiver, on remarqua de la rive qu'aucune fumée ne s'échappait de sa maisonnette. On alla donc s'enquérir de l'homme, on le trouva inconscient, on le ranima, on le confessa, puis il mourut le soir même dans un halo de sainteté, emportant son secret inviolé.

Au creux d'une rivière... Un beau jour de juin, en 1715, un habitant vit une colonne de fumée s'élever au-dessus de la rivière des Trois-Pistoles, un peu en amont de l'embouchure. D'une tente sortit un moine venu là pour fuir la perversité du monde. Il priait beaucoup. Il n'en fallait pas plus pour plaire et tous lui donnaient des légumes et du pain lorsque la faim le conduisait hors de sa forêt. Sur son passé, il était évasif. Un jour, son campement brûla et il disparut de Trois-Pistoles. On apprit un peu plus tard que cet homme, nommé Dom Georges Poulet, avait fui les ordres bénédictins en France pour embrasser l'austère doctrine janséniste à Amsterdam, puis qu'il était venu se réfugier au Canada. Les autorités religieuses canadiennes firent alors tout pour ramener l'homme dans le droit chemin. Peine

Nathalie Le Coz

perdue! Il ne céda pas, même terrassé par la maladie et menacé par Mgr de Saint-Vallier, l'évêque de Québec lui-même, d'être privé des derniers sacrements. Pire! Il guérit et écrivit un long réquisitoire à Mgr de Saint-Vallier lui reprochant sa conduite injuste envers un pauvre moine pénitent… Puis il rentra en Hollande.

Et aujourd'hui, au cœur d'une ville….Tout le monde connaît Raisin à Rivière-du-Loup. On ne l'a jamais vu quêter. Il est affable et se nourrit bien. Il passe de longues journées d'hiver au parc des Chutes et aime bien discuter avec les passants de la rue Lafontaine. Il est né à Cabano et a travaillé pendant 20 ans au cimetière Côte-des-Neiges à Montréal. Plus jeune et plus fort, il a rêvé de devenir Monsieur Univers. Mais un colosse de Notre-Dame-du-Lac l'a battu à plate couture en soulevant une Renaud 5. Ambition déçue? Décrocheur volontaire? À Rivière-du-Loup, on croit volontiers que cet homme est Docteur en philosophie…!

Nathalie Le Coz

Nathalie Le Coz

On suggère de faire le circuit patrimonial de Rivière-du-Loup à pied ou à vélo en s'attardant aux panneaux d'information devant des maisons et bâtiments d'intérêt dans le plus ancien quartier de la ville. Pour les mordus du patrimoine bâti, il existe des brochures à l'Office du tourisme et des congrès donnant des renseignements plus complets.

Boutique • Friperie • Vieux meubles

Roger Dumont • De bouts de bois récupérés naît des mains de cet homme un bestiaire fabuleux. Poules rieuses, canards moqueurs, personnages fantastiques, l'œuvre aux contours naïfs de Dumont exhale l'humour des grands sages.

Toute l'année: 95, rue Principale ou 58, rue de l'Église à Saint-Arsène

L'Algue d'Or

Cynthia Calusic • Inspirée par les algues, la mer et les paysages, cette poétesse et artisane fabrique papiers et reliures. À l'atelier, cotons et pulpes recyclés se transforment en un papier texturé aux douces teintes naturelles. À l'espace boutique, l'algue et la poésie s'imprègnent dans tous les objets (tableaux, calepins, cartes, etc.) et une collection de photographies se marie aux spécimens naturels incrustés dans le papier.

Du mardi au samedi de 10 h à 18 h toute l'année 47, rue Saint-Jean-Baptiste à L'Isle-Verte • www.lalguedor.com • (418) 898-4075

▓ **FABIENNE GINGRAS** • Métisse et mère de cinq enfants autochtones, cette artisane a des bases en dessin publicitaire et en céramique. Elle se réjouit de diffuser ce patrimoine culturel qui a traversé le temps. L'artisane crée bijoux, masques, veilleuses et porte-chandelles, peinture sur crânes d'animaux, capteurs de rêves et instruments de musique traditionnels.

L'Isle-Verte • (418) 898-2099 •
fabiennegingras7@sympatico.ca

▓ **LAURI DANCAUSE** confectionne du mobilier canadien français du 19e siècle adapté aux besoins d'aujourd'hui : armoires, tables de réfectoire, tables de téléphone, cabinets de salle de bain et boîtes à couteaux. L'assemblage de ses meubles est réalisé à la cheville et la finition s'effectue selon les méthodes traditionnelles.

Saint-Paul-de-la-Croix • (418) 898-2445

Photo : Nathalie Le Coz

PENSEZ Y BIEN

Portail du cimetière de Cacouna

Circuit patrimonial de Cacouna • Témoin d'une époque où il fut un centre de villégiature des plus conu en Amérique du Nord, le patrimoine bâti de Cacouna mérite qu'on le savoure. Pignons et dentelles, tourelles et galeries vers le fleuve, vous en aurez plein la vue pour peu que vous marchiez ou rouliez à vélo. Vous trouverez des panneaux d'information un peu partout.

❖ ❖ ❖

Circuit patrimonial de L'Isle-Verte • Ce village n'a pas beaucoup changé depuis plus d'un siècle, du moins la portion à flanc de coteau et immédiatement sur la corniche. Il est riche d'histoire, bien mise en valeur par un circuit patrimonial documenté par des panneaux d'information dans le village et une brochure accessible dans les bureaux touristiques du village et des alentours.

Le petit bottin culturel de la région de Rivière-du-Loup

À faire à pied ou en vélo à travers la ville

Publiqu'Art, Ville-Musée · Circuit de sculptures monumentales installées dans des espaces publics à Rivière-du-Loup
www.mbsl.qc.ca

Événements à surveiller

Le Concours intercollégial de sculptures de neige sur la rue Lafontaine à Rivière-du-Loup · Concurrents en arts plastiques d'une dizaine de cégeps du Québec · 1re fin de semaine de février

Autres lieux à découvrir

Le Théâtre la Goélette · Activités gratuites à l'amphithéâtre extérieur de 250 places dans le jardin de la Maison de la culture
67, rue du Rocher, Rivière-du-Loup

La salle d'exposition Gaétan-Blanchet du cégep de Rivière-du-Loup · Expositions de travaux des étudiants en arts plastiques et en graphisme durant la saison scolaire
80, rue Frontenac

La Galerie d'art Les deux Lilas · En haute saison ou sur rendez-vous · 643, rue Principale Ouest à Cacouna · (418) 863-5543

Cour de circuit à L'Isle-Verte · Centre d'interprétation sur l'histoire de L'Isle-Verte et le système judiciaire à l'époque
En haute saison · 199, rue Saint-Jean-Baptiste

Adresses utiles

www.cyberphotos.com · 125 000 photographies anciennes (1896-1960) numérisées à même les fonds d'archives du Musée du Bas-Saint-Laurent. Un pan de l'histoire du Québec !

L'École de musique de Rivière-du-Loup · Cours dans une quinzaine de disciplines, éveil musical en milieu scolaire
(418) 862-9532 · **www.ecolemusiquerdl.com**

Le département des Arts du Cégep de Rivière-du-Loup
Programmes d'enseignement technique ou pré-universitaire en arts plastiques et en design · Attestation d'études collégiales en dessin animé (Service de la formation continue)
80, rue Frontenac · (418) 862-6903

Le **Témiscouata**

Le lac Témiscouata

O N EST ICI AU CŒUR d'une grande forêt giboyeuse. Le couvert forestier, par trop exploité, est certes ravagé par endroits. Mais le cerf de Virginie et l'orignal abondent. C'est un pays de chasseurs. D'ailleurs, l'agriculture et l'élevage, difficiles dans ces terrains rocailleux, demeurent des activités secondaires. Qu'auraient mangé les habitants venus coloniser ces montagnes s'ils n'avaient pu compter sur la «viande de bois»?

Avant toute chose, le Témiscouata est un lieu de passage. Au beau milieu de la forêt montagneuse s'étire un plan d'eau de plus d'une quarantaine de kilomètres de long. Durant des millénaires, le lac Témiscouata a offert un temps de répit en eaux calmes aux voyageurs qui traversaient le continent de la Baie de Fundy, en Atlantique, au fleuve Saint-Laurent, en suivant les chemins d'eau vive et les sentiers de portage.

Au siècle dernier, de nouveaux campements et villages se sont installés à proximité des anciens, au carrefour des cours d'eau et des vallées. Ces nouveaux arrivants sont venus couper des arbres. Ils l'ont d'abord fait à la solde de seigneurs britanniques qui fournissaient le bois nécessaire au maintien de la flotte de leur mère patrie en guerre. On est alors au 19ᵉ siècle. La demande pour le bois n'a jamais cessé par la suite. Les patrons ont changé, quittant leur visage d'individus pour une nébuleuse d'actionnaires. Nous voilà au tournant du 20ᵉ siècle. Le métier de bûcheron, quant à lui, s'est transmis d'une génération à l'autre comme gagne-pain principal. C'est encore vrai aujourd'hui, même si la matière première est moins abondante et diversifiée qu'autrefois et que le rythme de coupe a beaucoup ralenti.

Chez Cloutier,
lac Témiscouata, 1915

Pour les gens qui ont peuplé cette région, les lacs sont une source de bonheur. Ils offrent à l'œil un horizon, un point de fuite. Ils sont synonymes de vacances. Bases de plein air, marinas et campings les bordent. Les lacs des Aigles, Squatec, Touladi, Témiscouata, Pohénégamook, Long, tous sont majestueux. Et malgré les talents des Témiscouatains pour la chasse et la pêche, aucun n'a encore senti frémir le monstre du lac Pohénégamook au bout de sa ligne!

Le Témiscouata

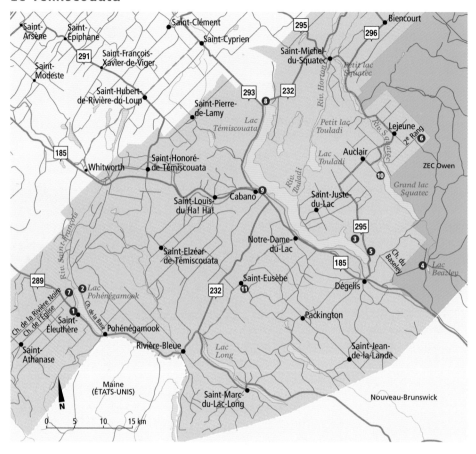

Saint-Arsène
Saint-Épiphane
Saint-Clément
295
Biencourt
Saint-Cyprien
296
Saint-François-Xavier-de-Viger
291
Saint-Michel-du-Squatec
Petit lac Squatec
Saint-Modeste
Saint-Hubert-de-Rivière-du-Loup
293
232
Riv. Horton
Saint-Pierre-de-Lamy
8
Lejeune
2e Rang
6
Lac Témiscouata
Petit lac Touladi
Riv. Squatec
185
Saint-Honoré-de-Témiscouata
Lac Touladi
Auclair
ZEC Owen
Whitworth
10
Grand lac Squatec
Saint-Louis-du Ha! Ha!
Cabano
9
Riv. Touladi
Saint-Juste-du-Lac
Riv. Saint-François
Saint-Elzéar-de-Témiscouata
Notre-Dame-du-Lac
295
3
5
289
7
2 *Lac Pohénégamook*
Saint-Eusèbe
11
185
Ch. du Baseley
4
Lac Baseley
Ch. de la Rivière Noire
Ch. de l'Église
1
Ch. de la Base
Saint-Éleuthère
232
Dégelis
Packington
Pohénégamook
Saint-Athanase
Rivière-Bleue
Lac Long
Saint-Jean-de-la-Lande
Maine (ÉTATS-UNIS)
N
Saint-Marc-du-Lac-Long
Nouveau-Brunswick
0 5 10 15 km

1. Pohénégamook haut en couleur
2. Pohénégamook Santé Plein Air
3. Le Montagnais
4. Camp Baseley
5. Ski de fond Pleins Poumons
6. Aventuriers de la Chasse-Galerie
7. Plage de Pohénégamook

8. Éco-Site
9. Plage de Cabano
10. Grand lac Squatec
11. Départ sentier équestre Eusèbois

——— Piste cyclable « Petit Témis »
- - - Rangs à vélo

Nature

Avant toute chose, le Témiscouata est un lieu de passage. Au beau milieu de la forêt montagneuse s'étire un plan d'eau, le lac Témiscouata, qui, durant des millénaires, a offert un temps de répit en eau calme aux voyageurs qui traversaient le continent de la Baie de Fundy au fleuve Saint-Laurent.

▶ Événements et activités organisées

■ **Pohénégamook haut en couleur** : une grande fête dédiée à l'hiver! À Saint-Éleuthère, sur le lac même, vous y verrez des courses de traîneaux à chiens et des sculpteurs sur neige, vous y ferez des tours de carriole, de traîneau, d'hélicoptère ou de deltaplane motorisé, et apprendrez à manier du cerf-volant de traction, vous irez à la pêche blanche et dégusterez de la tire d'érable et des hot dogs, et vous y rencontrerez beaucoup, beaucoup de monde du coin! Foulards, tuques, mitaines, sous-vêtements et survêtements sont de rigueur. L'événement a lieu les 3e et 4e fins de semaine de février.

www.pohenegamook.net/couleur

Nathalie Le Coz

Saint-Éleuthère vu des hauteurs

■ **Pohénégamook Santé Plein Air** : un centre de vacances **quatre saisons** situé sur le flanc de la montagne en bordure du lac Pohénégamook, en face du village. Il offre des forfaits comprenant hébergement, restauration, activités libres ou animées, équipement de plein air et accès au centre de santé. On peut y séjourner en auberge ou en chalet plus petit si l'on est en groupe ou en famille. Les activités proposées sont quasi illimitées : activités en lac et en rivière, sports d'hiver, escalade et tir à l'arc, volley-ball, survie en forêt, cerf-volant et voile à ski, pêche blanche, sauna nordique, etc. La randonnée en sentiers (marche, raquette ou ski de fond) est offerte « à la carte ».

Informations et réservations :
1723, rue Guérette à Pohénégamook
www.pohenegamook.com • (418) 859-2405
ou 1 800 463-1364

La frontière au temps de la Prohibition

Dans les années 1920, au temps de la Prohibition aux États-Unis (soit l'interdiction de fabriquer et de vendre de l'alcool), le trafic d'alcool qui transite par le Québec est florissant. Un important circuit passe par le Bas-Saint-Laurent depuis le fleuve jusqu'au Témiscouata, situé en bordure du Nouveau-Brunswick et du Maine. Le train du Transcontinental traverse le village de Rivière-Bleue et le centre de l'activité se concentre autour du trafiquant Alfred Lévesque. La maison de cet homme rusé et jovial loge l'actuel dépanneur du village. On dit qu'il y avait des caches sous la maison, et même un tunnel de 50 mètres qui la reliait à la desserte du chemin de fer. Un hangar à Escourt servait d'entrepôt et une flotte de voitures volées était à la disposition des hommes de main de Lévesque. Restait à passer la frontière poreuse avec quantité de bouteilles cachées dans des stocks de bois de sciage livrés par train aux États-Unis, en voiture dans des cercueils, des boîtes de pommes, sous des fausses soutanes, en canot par des rivières frontalières, ou même à pied, cachées dans les bottes. En train, on pouvait passer jusqu'à plus de 9000 litres en une nuit.

> Si vous entendez le mot « bagosse », sachez qu'il désigne un alcool artisanal fabriqué avec de la mélasse, du blé ou de l'orge ou du sucre blanc, et des fruits pour aromatiser.

On appelle les contrebandiers « bootleggers », ces hommes qui cachent des bouteilles dans leurs bottes. Traverser à gué, à eau basse, la rivière Saint-François qui sépare le Québec du Maine au pied du lac Pohénégamook est une chose bien imaginable.

Groupe de fonds Clément Claveau, photographe inconnu, circa 1935. Collection du Musée régional de Rimouski (CNCC.134)

Ville de Dégelis

Le centre de plein air
Le Montagnais

■ **Le Centre de plein air Le Montagnais** sur le lac Témiscouata : un lieu où l'on peut passer quelques heures ou séjourner plusieurs jours **de mai à novembre**. Il offre camping et hébergement en chalet. Non seulement Le Montagnais donne-t-il accès au lac Témiscouata, mais on y loue voiliers, planches à voile, canots, kayaks, rabaskas, pédalos, chaloupes et catamaran ! On peut aussi y louer des vélos. Le centre est un point de départ du sentier national (voir les renseignements sur le sentier national au Témiscouata). Il est possible d'y mettre à l'eau sa propre embarcation en respectant les règlements des lieux.

Informations et réservations : 750, Route 295, C.P. 675 à Dégelis • (418) 853-2003 ou 1 877 853-2003 • **www.ville.degelis.qc.ca**

■ **Le Camp Baseley** accueille des jeunes de 8 à 17 ans en **colonies de vacances** d'une ou deux semaines, axées sur la découverte de la nature et de l'environnement. En parallèle à l'étude des sciences naturelles, les stages comportent des activités récréatives : natation, hébertisme, canot, tir à l'arc, chant et danse, jeux, etc. Ouvert de la Saint-Jean à la mi-août, le camp est situé à 14 km de Dégelis en bordure du lac Baseley.

Informations et réservations : 1000, rue Baseley à Dégelis • (418) 853-6821

Une histoire de l'arbre au Bas-Saint-Laurent

Bois flottant sur la rivière Rimouski, circa 1920. Don de madame Geneviève Sylvain (1996.4.13)
Collection du Musée régional de Rimouski

Pour les colons qui s'installent dans le Bas-du-Fleuve, dès le début du 18ᵉ siècle, l'arbre est l'ennemi à abattre pour «faire de la terre». On dit qu'une infime portion de ce bois coupé était utilisée. Tout le reste était brûlé. Cent ans plus tard, la coupe du bois obéit à une nouvelle motivation. L'Europe est en guerre. Napoléon bloque l'envoi de bois vers l'Angleterre en provenance de la Baltique en 1806. Celle-ci se tourne vers ses colonies où elle investit d'importants capitaux pour s'approvisionner en bois destiné à la construction des navires de guerre. Un boom spectaculaire de l'exploitation forestière s'ensuit. Au Bas-Saint-Laurent, ce sont souvent les seigneurs britanniques de concessions reprises après la conquête qui deviennent les principaux entrepreneurs de cette exploitation. Les Caldwell, Fraser, Price tirent tour à tour leur fortune de la forêt où leurs bûcherons s'enfoncent petit à petit jusqu'à la frontière américaine. Après le chêne et le pin équarris à destination de l'Angleterre, vers 1850, on s'attaque essentiellement aux pins blanc et gris, pour en faire du bois de sciage à destination des États-Unis. Ce jeune pays est en pleine construction. À compter de 1900 environ, on exploite le cèdre pour faire du bardeau, et l'épinette et le bouleau sont la cible des papetières dont les usines de transformation prolifèrent dans toute la province. À cette époque, un Fraser, ayant à lui seul le monopole de presque tout le bassin versant du Témiscouata, installe une grande scierie à Cabano. Un consulat américain ayant pignon sur rue à Rivière-du-Loup durant les années 1920 avait pour principale fonction d'approuver l'exportation de pâtes et papier, de bois de pulpe et de bois de sciage !

Manifestation à Cabano pour l'implantation de l'usine Cascades
Photo : UQAR, archives régionales, fonds de la CIPEQ

Pendant ce temps, le cinquième de la surface forestière est exploitée par les cultivateurs. Beaucoup de journaliers joignent les chantiers, surtout de septembre à mi-mars. Des feux rasent des villages à cause de la proximité de la forêt et des moulins à scie. Saint-Honoré brûle une première fois en 1909, puis en 1923, 100 maisons et 5 moulins sont détruits par les flammes. À Cabano, en 1950, 116 maisons brûlent... soit la moitié du village. Un peu plus tard, le déclin de la ressource, conjugué au refus des exploitants de diversifier les activités de transformation au-delà de la coupe de planche, mènent à la fermeture des moulins. C'est le cas notamment à Cabano où la situation fait si mal que la population s'organise, manifeste et gagne. En 1974, Cascades construira une usine de carton ondulé fabriqué à partir de ce qui reste encore debout : le tremble.

Pour que la forêt repousse

Qu'est-ce qu'une ferme forestière ? C'est une terre à bois privée que l'on entretient comme un jardin potager pour qu'il y ait toujours des arbres à cueillir et d'autres en croissance. C'est aussi, malheureusement, un vœu qui n'a jamais eu gain de cause au Québec. Régulièrement, d'ardents défenseurs de cette façon de faire se font entendre au-dessus de la mêlée. Parmi eux, Léonard Otis. Né près de Matane, il a été très engagé dans les questions de réaménagement forestier au Témiscouata qui a conduit à la construction de l'usine de carton à Cabano en 1974. Selon lui, la forêt publique fait concurrence à la forêt privée. Il aurait voulu que l'on s'inspire du modèle finlandais où 80 % des coupes sont le fait d'exploitants agricoles et de forêts privées… et où il reste des forêts ! Au Québec, moins du quart des coupes seulement sont réalisées par des petits propriétaires. Mais ces visionnaires se heurtent à ceux qui rejettent ce qu'ils appellent une politique économique « artisanale ».

Nathalie Le Coz

Ski de fond • Raquette

■ **Le Club de ski de fond Pleins Poumons** de Dégelis : un des seuls centres de ski de la région à prévoir des couloirs pour le pas de patin dans la majorité de ses pistes. Il compte 24 km de sentiers dont plusieurs à flanc de coteau orienté vers le lac Témiscouata et la rivière Madawaska. On peut y louer de l'équipement.

Informations : 380, route 295 à Dégelis • (418) 853-2655

Traîneau à chiens et canot-camping guidé

■ **Les Aventuriers de la Chasse-Galerie** à Lejeune proposent des randonnées en traîneau à chiens d'une journée à une semaine ou même plus au cœur des Appalaches, et des séjours en canot-camping dans le réseau de lacs et de rivières de la région. Ils combinent les couchers en tipi, en tente prospecteur, en refuges et à leur propre camp forestier situé à quelques kilomètres du village de Lejeune. Il est possible d'organiser des nuitées en gîte avant ou après votre séjour. Les randonnées en traîneau à chiens sont adaptées à vos désirs et capacités physiques. Elles sont en général de 40 km par jour. Vous dirigez votre propre attelage de six à huit chiens huskys et esquimaux canadiens ! Les circuits de canot-camping sont ceux décrits dans la section *À l'aventure !* du présent chapitre. Toutefois, si vous hésitez à prendre la rivière sans guide, faites appel à ces compagnons d'aventures. Non seulement ont-ils beaucoup d'expérience, mais ces membres de l'Association des professionnels en tourisme d'aventure possèdent également une formation de secourisme en région éloignée. Vos hôtes sont Goulimine Cadôret et Vincent Soulière.

Informations : 23, rang 2 à Lejeune • (418) 868-7438
www.ville.chez.com/chassegalerie

Où il est le p'tit jésus, tabarnac?...
Ou le JAL, une histoire de survivants

«La vieille Renault 12 roulait, direction nord-est, sur la 20, sous un soleil de printemps. Trois hommes, barbus, dans la trentaine, habités par la hâte. Celle de voir le coin de pays où Félix, assis seul derrière, avait décidé d'aller vivre désormais.»

Voilà comment *Où il est le p'tit Jésus, Tabarnac?* débute, le roman autobiographique de Yves Chevrier, potier, et curé en jeans et en moto de Saint-Juste-du-Lac au début des années 1970. Chevrier fut un témoin actif de la naissance du JAL, cette fusion de trois villages condamnés à la fermeture par le gouvernement du Québec. Il s'agit des paroisses de Saint-Juste, Auclair et Lejeune, situées entre le lac Témiscouata et la vallée du Grand lac Squatec.

En 1971, plus de 1 000 personnes avaient déjà quitté ces villages pour la ville ou la Côte Nord, faute de travail, de ressources. Les quelque 1 000 autres qui restaient ont retroussé leurs manches pour survivre, collectivement. En passant par des comités, des groupes de travail, des réunions, des cours et des discussions, les citoyens ont accouché d'une Coopérative de développement intégré des ressources. Ils ont créé le Groupement forestier de l'Est du lac Témiscouata en 1973. Mais plus déterminant encore, 400 personnes – soit quasiment toute

Enfants et balançoire à Saint-Juste-du-lac
Photo: Bertrand Lavoie

la population active – se sont engagées financièrement dans un projet de culture de pomme de terre de semence! Elles se sont lancées aussi en acériculture, exploitant les érablières des alentours. Un succès? Retentissant: en 5 ans, 200 emplois ont été créés et la population s'est stabilisée. Ces entreprises aujourd'hui privatisées sont encore le moteur de ce territoire de survivants. Quant à Yves Chevrier, curé de campagne qui avait transformé le presbytère en foyer d'accueil pour tous les délaissés de la terre, il a fini par quitter le JAL et... la soutane qu'il n'a jamais portée.

Le roman de Chevrier à été publié aux Éditions Trois-Pistoles en 1997.

▶ Sorties rafraîchissantes et randonnées pour tous

Baignade • Mise à l'eau • Pique-nique

▨ **La plage municipale de Pohénégamook** • Sable fin, descente en pente très douce dans l'eau et vue du lac sur toute sa longueur font de cette plage, située à l'extrémité nord du lac, une destination famille. Prévoir des **frais d'accès**.

▨ La plage **Éco-Site de la tête du lac Témiscouata** : à l'extrémité nord du lac, une longue et étroite bande sablonneuse orientée vers le sud où il fait bon se baigner. Le fond descend en pente douce. Une moitié de la plage accueille les nudistes. On peut y camper et louer des canots et des kayaks. **Frais d'accès** à prévoir pour le stationnement, le camping et pour louer des embarcations, ½ journée et journée – frais de membership (donnant des rabais sur tous les services). **Réservations :** Municipalité de Saint-Cyprien : (418) 963-2730

▨ **La plage à Cabano**, mitoyenne du camping, fait face à la montagne à Fourneau. Un ponton triangulaire abrite le plan d'eau des vagues. La mise à l'eau est au camping. Le lieu est fréquenté en haute saison. Restaurants, terrasses, commodités, tout y est. **Le parc Clair Soleil** côtoie la marina et donne sur le lac. On y a prévu des aires de jeux pour les enfants, un sentier le long de la rivière Cabano, et une piste de patin à roues alignées.

▨ **Le Grand lac Squatec** : un joyau de cette partie méconnue du Témiscouata. Orienté nord-sud et d'une longueur de 13 km, des chalets bordent ce lac sur un tiers de sa longueur à proximité du village de Auclair. Puis, plus rien. Les mordus de pêche le fréquentent. Point de mise à l'eau tout près du Camping Eau Claire accessible par la route 295. Refuge ouvert à tous à la Pointe aux oiseaux. À découvrir !

Pont de la piste cyclable « Le Petit Témis » qui longe le lac Témiscouata

La piste cyclable et les rangs à vélo

▥ La piste cyclable **Le « Petit Témis »,** aménagée sur l'ancien tracé de chemin de fer du Témiscouata, relie Rivière-du-Loup et Edmunston au Nouveau-Brunswick! La piste de 134 km de gravier sassé, entrecoupée de sections asphaltées à Cabano, Notre-Dame-du-Lac et Dégelis, est accessible à tous. Sa dénivellation maximale de 4 %, ses haltes fréquentes et la présence majestueuse du lac Témiscouata sur une grande partie du parcours font sa popularité.

▥ **Le tour du lac Pohénégamook** fait une boucle de 25 km moitié en forêt (chemin de gravier), moitié en bordure de la route 289.

■ La route de gravier qui relie **la base de plein air de Pohénégamook à la route 185** entre Whitworth et Saint-Honoré remonte la rivière Saint-François en pleine forêt parfois en coupe.

■ Un sentier de vélo de montagne emprunte un ancien chemin forestier **entre le quai de Saint-Juste-du-Lac et le Centre de plein air Le Montagnais.**

■ D'autres parcours « à la carte » suscitent l'intérêt : on pense à **une traversée entre Rivière-Bleue et Notre-Dame-du-Lac, le long des crêtes**, par Saint-Eusèbe. De même, on peut faire le long parcours **entre Squatec et Dégelis par la route 295**, ou des tronçons de celui-ci, ou encore les **rangs de gravier de la région du JAL.** Attention ! Ça grimpe et ça descend.

■ **Les rangs dans les érablières de Saint-Athanase** : des kilomètres de randonnées dans un des paysages les plus montagneux du Bas-Saint-Laurent. Ici, les contreforts des Appalaches sont découpés par la vallée de la rivière Noire qui descend tout droit vers la rivière Saint-Jean au Maine. Les flancs de montagnes dont on a extrait les résineux sont couverts d'érables matures. Ces forêts publiques sont exploitées par la population de Saint-Athanase pour en tirer les produits de l'érable : 600 000 entailles pour une population de 320 habitants ! Vers le mois d'avril, par les belles journées de dégel, des nuages

Benoit Parent

de vapeur s'élèvent au-dessus des arbres. Des familles complètes à la tâche vous feront goûter au meilleur sirop qui soit ! Les chemins étant moins fermes à ce moment de l'année, la marche est peut-être préférable au vélo. Pour s'y rendre, poursuivre par le rang 4 au bout du chemin de la Rivière Noire, ou prendre la Route de l'Église vers le sud ouest.

■ **Le Sentier national** traverse le Témiscouata du nord au sud sur plus de 80 km. Il traverse une vaste érablière, borde le ruisseau Marquis qui alimente le lac Anna, puis emprunte une crête qui surplombe le tiers nord-est du lac Témiscouata, longe ensuite le lac vers le sud jusqu'à proximité de Dégelis. La diversité des couverts forestiers matures – érablières, pessières, cédrières et pinèdes – caractérise cette portion du sentier. Au nord, il se poursuit dans les Basques jusqu'au fleuve Saint-Laurent. Ce magnifique sentier entièrement balisé est, à l'origine, l'œuvre de bénévoles secondés par des propriétaires qui cèdent un droit de passage sur leurs terres. Marcher ce sentier, c'est entrer en douceur dans l'intimité de la région. Il emprunte des sentiers millénaires, traverse des terres en culture, des boisés debout ou en coupe, des érablières soignées et des villages, descend vers les ruisseaux rafraîchissants et remonte vers de beaux points de vue.

Deux hommes en pique-nique,
Paul Parrot, entre 1914 et 1937.
Musée du Bas-Saint-Laurent

●● Dans sa portion témiscouataine, le Sentier national comporte **7 tronçons de 8 à 15 km chacun**. Des stationnements délimitent ces tronçons. Le sentier et les stationnements sont accessibles gratuitement à l'année ; l'accès à quelques stationnements alternatifs sur les routes secondaires non déneigées est limité (route Turcot, Pourvoirie du lac Anna, Route touristique de Squatec). La marche est déconseillée en période de chasse au gros gibier.

Pour en savoir plus : Procurez-vous le topo-guide *Bas-Saint-Laurent De Trois-Pistoles à Dégelis* publié par la Fédération québécoise de la marche, que vous trouverez notamment à la Corporation PARC Bas-Saint-Laurent (voir coordonnées en page 121).

●● Les Érables | SENTIER LINÉAIRE DE 14,2 KM

Le sentier traverse ici un territoire entièrement forestier, constitué entre autres d'érablières. N'eut été d'une ligne électrique et de chemins forestiers, ce parcours serait un voyage hors civilisation. On accède à ce tronçon par le rang des 7 lacs de Sainte-Rita. Il se termine sur la route 232 entre Squatec et Cabano.

●● Lac Anna | SENTIER LINÉAIRE DE 7,6 KM

Ici aussi, on entre en territoire forestier. On y traverse de belles érablières et des forêts de thuyas où le grand pic a laissé des traces de son passage. Le chevreuil abonde ! Ce tronçon finit à la jonction de la bretelle d'accès au lac Anna.

●● Les Cascades Sutherland | SENTIER LINÉAIRE DE 9,6 KM

Toujours en zone forestière, cette section plus accidentée du sentier traverse une vieille érablière et offre quelques points de vue sur le lac Témiscouata. En fin de parcours, les Cascades Sutherland invitent à la baignade et au bain tourbillon. Ce tronçon finit à la route Turcot.

●● La montagne à Fourneau | SENTIER LINÉAIRE DE 9,6 KM

Ce tronçon, tout en altitude, offre de très beaux points de vue sur le lac Témiscouata et la ville de Cabano. Il traverse une pinède et une forêt de thuyas matures. Ce tronçon se termine le long de la route touristique de Squatec (appelée route de la Seigneurie dans le village).

●● Rivière Touladi | SENTIER LINÉAIRE DE 15,6 KM

La moitié de cette section longe le lac Témiscouata et donne accès à des petites plages de sable. Elle traverse la rivière Touladi vers son embouchure. Les abords de la rivière sont quelque peu habités, et ce, depuis 3 000 ans ! Des fouilles archéologiques ont mis au jour une importante présence amérindienne dans ce lieu. Ce tronçon se termine sur le chemin du lac à Saint-Juste-du-Lac près du quai. Autres voies d'accès : la passerelle Touladi qu'on rejoint par le chemin du lac de Saint-Juste – sur le chemin principal de Saint-Juste-du-Lac.

●● La Grande Baie | SENTIER LINÉAIRE DE 14,3 KM

Le sentier suit ici le lac sur presque toute sa longueur. Il contourne une grande baie vis-à-vis de Lots-Renversés. On est en milieu à la fois forestier et lacustre. Le tronçon va jusqu'au Centre de plein air Le Montagnais. Autre voie d'accès : stationnement au fond de la Grande Baie que l'on atteint au bout du rang 4 à Saint-Juste-du-Lac.

●● Dégelis | SENTIER LINÉAIRE DE 9,7 KM

Cette dernière portion du sentier quitte la rive du lac pour piquer en pleine forêt jusqu'à Dégelis. On traverse néanmoins une zone de villégiature pour aboutir au camping-plage de Dégelis à l'extrémité sud du lac, à quelques kilomètres du Nouveau-Brunswick.

Bertrand Lavoie

Vue du belvédère au lac Témiscouata

Carte du Sentier national • Témiscouata

Numéros et noms des tronçons		Voies d'accès et stationnements		Degré de difficulté	Longueur des tronçons
⑥	Les Érables	F.	Rang des Sept-Lacs	Intermédiaire	14,2 km
⑦	Lac Anna	G.	Route 232 à Squatec	Intermédiaire	7,6 km
⑧	Les cascades Sutherland	H.	Pourvoirie du Lac Anna	Intermédiaire	9,6 km
⑨	Montagne à Fourneau	I.	Route à Turcot	Intermédiaire	9,6 km
⑩	Rivière Touladi	J.	Route Touristique	Intermédiaire	15,6 km
⑪	La Grande Baie	K.	Chemin du Lac	Intermédiaire	14,3 km
⑫	Dégelis	L.	Centre de plein air Le Montagnais	Intermédiaire	9,7 km
		M.	Camping-Plage de Dégelis		

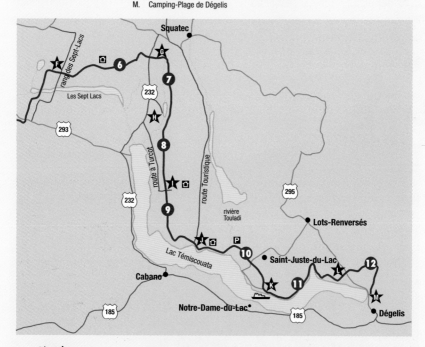

Légende

★ Voie d'accès aux tronçons et stationnement

● Numéros des tronçons

P Stationnement supplémentaire

⌂ Refuge

⛴ Traversier

– – Tracé du sentier national

= Autoroute

— Route principale

— Routes secondaires

— Chemins de gravier

▶ À l'aventure !

Nathalie Le Coz

Marcheur en longue
randonnée au début
de l'hiver

Longue randonnée (Marche • Raquette • Ski de randonnée possible)

■ Pour les amateurs de longues randonnées : quatre refuges ont été aménagés sur **le Sentier national**, soit ceux des Trois-Roches dans les Basques, du Ruisseau Noir, des Cascades Sutherland et de la plage du Curé-Cyr au Témiscouata. Gérés par la Corporation PARC Bas-Saint-Laurent, ces refuges, combinés avec des campings ou d'autres lieux d'hébergement, offrent la possibilité de parcourir tout le sentier en 11 jours (144 km)... ou une partie seulement, bien entendu ! La carte indique ces lieux au Témiscouata (voir en page 145 pour la suite du sentier dans les Basques)

Informations et réservations : Corporation PARC Bas-Saint-Laurent
120, boul. Hôtel-de-Ville à Rivière-du-Loup • (418) 867-8882
direction@parcbasstlaurent.com • La corporation accepte les dons.
Service de transport de bagages et de navette : Corporation de développement
de Squatec, 150, rue Saint-Joseph à Squatec • (418) 855-2185

Grey Owl nourrissant un castor

Grey Owl remonte la Touladi

À l'automne 1928, un couple d'Indiens arrive à Cabano par l'Intercolonial accompagné d'un couple de castors enfermés dans un poêle à bois en tôle pour les commodités du voyage. Ils traversent le lac Témiscouata en canot, remontent la rivière Touladi et s'arrêtent au lac aux Bouleaux. Ils y construisent une cabane et hivernent. Ces nouveaux arrivants avaient pour projet de créer une colonie de castors pour contrer la menace d'extinction de cet animal à fourrure alors massacré sans scrupule partout au Canada. Pourquoi le Témiscouata? Parce que cette région réputée giboyeuse devait permettre au couple de trappeurs de survivre de la capture d'autres espèces. La femme, Anahareo, était Iroquoise et belle, passionnée et source d'inspiration de cet homme qu'elle croyait être le fils d'une mère Apache et d'un père Écossais. Il disait être né au Mexique et élevé sur les bords du Rio Grande au sud-ouest des États-Unis. Lui s'appelait Archie Belaney, croyait en sa cause de conservation et aimait écrire.

C'est depuis le Témiscouata que s'organise la vie publique de cet homme. Ses écrits intéressent un magazine en Angleterre qui publie des articles et lui commande un premier livre, *The Men of the Frontier*.

Une Montréalaise en vacances à Métis-sur-Mer l'invite à donner une première conférence. Quelque deux ans plus tard, on le connaissait sous le nom de Grey Owl, il devenait « l'ambassadeur des bêtes », l'emblème international de l'autochtone en harmonie avec la nature. En 1936, un demi-million de personnes se bousculent à ses conférences en Angleterre où il brille autant par ses propos que par ses costumes exotiques. Défiant le protocole, lors d'une prestation au Buckingham Palace, il tape sur l'épaule du roi George VI et l'appelle « frère » devant une assistance subjuguée. Il est le favori des auteurs au premier Salon du livre de Toronto en 1936. La Société des parcs nationaux canadiens en fait son porte-parole et finance ses films sur la conservation des animaux et de leur habitat.

Nathalie Le Coz

Le petit lac Touladi

Mais ce fulgurant défenseur de la nature et communicateur est rongé par un secret qui s'alourdit à mesure que s'accroît sa notoriété. Il n'est pas métis pour deux sous. Il est né, en 1888, dans une ville d'Angleterre dont la rectitude des mœurs ne lui convenait pas. Il jouait « aux Peaux Rouges » dans la cour d'école, imitait à merveille le hululement du hibou, pratiquait le lancer du couteau, et s'embarqua finalement pour le Canada en 1906. Dans le nord de l'Ontario, des Odjibwas lui ont appris à marcher en raquettes, à trapper, à avironner... à réaliser son rêve d'enfant. Puis il s'est pris au jeu. Il a teint ses cheveux, coloré sa peau au henné, inventé son identité. Fort sur la bouteille, la crainte d'être démasqué le fait sombrer plus résolument dans le whisky. Pourtant personne, pas même les Indiens qui savaient qu'il n'était pas des leurs, ne dévoila son secret avant sa mort en 1938. Cet aveu posthume provoque aussitôt une tempête médiatique qui se termine sur la conclusion suivante : non seulement l'imposture n'enlève rien à l'authenticité du message, mais sans tout cet apparat de plumes et de perles, qui aurait été touché par la disparition du castor au Canada et la préservation des lieux naturels ?

« La Touladi ne ressemblait pas aux rivières profondes coupées par de nombreux et violents rapides. [...] Elle roulait très vite une nappe d'eau mince. [...] Sans présenter rien de difficile, ni de dangereux, l'avance à la perche y demandait donc un rude effort. [...] Il nous fallut couper le courant toute une journée pour parcourir un trajet estimé à neuf miles. Nous débouchâmes alors sur la chaîne de pièces d'eau que l'on appelle les lacs de Touladi. »

Grey Owl, extrait de *Un homme et ses bêtes*, 1937

Circuit de canot en lacs et rivières

■ Un circuit de **canot-camping entre le Grand lac Squatec ou le village de Squatec et Cabano** se fait en trois jours (à partir du lac) ou en deux jours (à partir du village). Pour le premier circuit, on peut mettre à l'eau au camping Eau Claire à Auclair. On suggère de camper la première nuit au camping La Seigneurie sur le Petit lac Squatec avant d'arriver au village. Le lendemain, on campe à l'ancienne

Nathalie Le Coz

Préparation du repas du soir, petit lac Touladi

carrière de sable vers la moitié du Petit lac Touladi, rive droite (un chemin descend jusqu'au lac depuis la Vieille Route accessible par Squatec). C'est l'endroit le plus propice au camping. Ailleurs sur ce parcours, les rives sont boueuses. La rivière Squatec présente des eaux vives et deux rapides classés R-II. La Horton traverse très paisiblement la campagne. Les lacs, Petit et Grand Touladi, ne sont occupés que par une faune... petite et grande : colonies de grenouilles et crapauds en concert sur le Petit lac Touladi, colonies de cerfs de Virginie autour des îles à la jonction des deux lacs.

Dès le départ, au lieu dit Terre à fer, la rivière Touladi est coupée par trois seuils maigres qui se portagent à gauche, ou se cordellent facilement. Par la suite, elle nous emmène sur ses eaux vives et au fil du courant à travers une forêt dense jusqu'au lac Témiscouata. Ouvrez l'œil! Des aigles à tête blanche ont élu domicile dans l'embouchure de la rivière. La traversée du lac Témiscouata peut être périlleuse les jours venteux. On peut l'éviter en terminant le parcours à la passerelle du sentier national. Une route s'y rend au nord de Saint-Juste-du-Lac. Possibilité de **navette ou forfait avec guide**.

Corporation de développement de Squatec: 150, rue Saint-Joseph à Squatec, (418) 855-2185, ou Aventuriers de la Chasse-galerie de Lejeune : **www.chez.com/chassegalerie** • Apportez de l'eau potable et du chasse-mouche... et rapportez vos déchets.

Paraski

■ **Le Club Voile Eau Vent Témis** regroupe près d'une trentaine de skieurs mordus du cerf-volant de traction ou paraski basés à Cabano et surtout à Dégelis sur le lac Témiscouata. Leurs tentes sont plantées sur le lac à proximité des marinas des deux villages durant tout l'hiver. Pour peu qu'il vente, le soir et les fins de semaine, les cerfs-volants planent au-dessus du lac. Ces skieurs exercent aussi le cerf-volant de traction en planche de surf l'été, davantage à l'extérieur de la région. Des membres du club offrent des cours sur demande.

Informations : Réal Lagacé à Dégelis : (418) 853-9025
ou Gilles Dufour à Pohénégamook : (418) 859-3076

Paraski
sur le lac Témiscouata
près de Dégelis

Nathalie Le Coz

Randonnée à cheval

■ **Le sentier de randonnée équestre Eusèbois** relie, sur une soixantaine de kilomètres balisés, Saint-Eusèbe et Notre-Dame-du-Lac. Il emprunte un réseau d'anciens chemins de bûche assez larges pour permettre aux voitures à cheval de circuler et traverse un des territoires les plus montagneux de la région. Les cavaliers qui souhaitent y faire une randonnée doivent avoir leur propre cheval et une assurance émise par «Québec à cheval» ou la Fédération équestre du Québec. Début du sentier : derrière l'église à Saint-Eusèbe ou aux Écuries du Lac (530, rue de l'Aréna) à Notre-Dame-du-Lac.

Informations : Michèle Lévesque • (418) 899-0548

Nathalie Le Coz

Nathalie Le Coz

Le petit bottin de la nature au Témiscouata

Événements à surveiller

Un **tournoi de balle-molle** accueille plusieurs équipes québécoises à la plage municipale du lac Squatec à Auclair 1re fin de semaine du mois d'août · (418) 899-6005 ou 6242

Le **Festival du pointu** à Saint-Juste-du-Lac : une fête à ce poisson, le pointu, unique à la rivière Touladi. Deuxième semaine d'octobre · (418) 899-2855

Autres lieux à découvrir

La roseraie du Témiscouata attenante au Fort Ingall 300 variétés de rosiers rustiques · 81, rue Caldwell à Cabano

Le Jardin de la Petite École · Beau jardin privé rue Saint-Viateur à Notre-Dame-du-Lac

L'herboristerie Viv-Herbes · Jardin d'herbes et de fleurs médicinales · 35, rang 2 à Lejeune

L'Économusée de l'érable (Domaine Acer) · Tout sur l'érable jusqu'à la dégustation de boissons alcoolisées et de produits fins · 145, route du Vieux Moulin à Auclair · (418) 899-6620

La ZEC Owen · Chasse et pêche · Mai à novembre **www.zecquebec.com** · (418) 855-2680

Adresses utiles

Taxi Beaulieu à Dégelis - Possibilité de navettes pour des randonnées · (418) 853-3707

Camping Eau Claire au Grand lac Squatec, tout près de Auclair, accessible par la route 295. Beau site boisé, vaste grève orientée vers le soleil · (418) 899-6093

Camping La Seigneurie à la sortie de Squatec sur la route 295 vers Auclair. Site boisé avec accès au Petit lac Squatec · (418) 855-2340 · **squatec@bellnet.ca**

Location de vélos à Cabano · Camping Cabano (à l'entrée de Cabano) et camping Témilac (dans Cabano sur le bord du lac ; on y loue aussi des canots et kayaks ouverts)

Carte du réseau cyclable sur demande : **www.tourismebas-st-laurent.com** ou 1 800 563 5268

Chasse et pêche à Cabano et au lac Témiscouata, Stanislas Belle, début 20ᵉ siècle, sels d'argent, Musée du Bas-Saint-Laurent.

Culture

« Les truites avancent en âge, Janne, les plus chanceuses, celles qui ont su éviter les dents des gros poissons quand elles étaient petites et les hameçons des pêcheurs. Même chose pour les carpes, les ménés, les perchaudes, les queues d'anguilles, les pointus... même les sangsues vieillissent. L'eau arrive de la Saint-François par la tête du lac, passe tranquillement son chemin puis s'en va par le pied dans le Maine. Elle finit peut-être par se jeter dans l'Atlantique... Va savoir. Elle n'a pas le temps de vieillir sous nos yeux, l'eau. »

Martin Thibault, tiré du roman *La bête du lac*, publié aux Éditions Trois-Pistoles en 2005

Événements culturels

■ **Le Tremplin, Festival de la chanson et de l'humour de Dégelis** propose, à chaque printemps depuis 2000, cinq jours de fête musicale et humoristique et rassemble à Dégelis des talents de tous âges. Les 12 ans et moins ont une place au Tremplin ! Comme il s'agit d'un concours en chanson et en humour, les candidats se donnent en spectacle devant le grand public. Ce festival est un héritier du music-hall de l'école secondaire de Dégelis, qui depuis près de 30 ans repérait les talents sans pouvoir les propulser plus loin. Le Tremplin offre de la formation avec des artistes professionnels, une foule de conseils et l'occasion de se faire connaître. Ouvert aux jeunes artistes du Québec et du Nouveau-Brunswick, le Tremplin a aussi pour mission de dénicher les talents régionaux. Événement annuel autour de la **troisième fin de semaine de mai** • Les inscriptions et pré-sélections des candidats débutent en décembre.

Programmation : 367, avenue Principale à Dégelis • www.festivaltremplin.com (418) 853-3233 ou 1 877 DÉGELIS

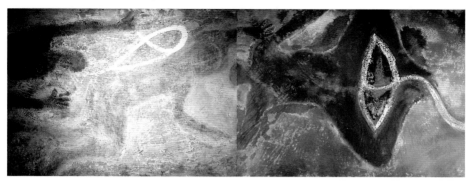

François Maltais. *La grenouille et l'hirondelle*

Artistes et artisans

en ateliers, en galeries ou en boutiques

■ **François Maltais** oscille entre l'art environnemental et la performance. Ses empreintes humaines aux oxydes créent des œuvres au caractère brut, aux traits sauvages. Son imagerie fait écho à un monde intérieur archaïque. L'artiste a également réalisé diverses œuvres qui s'intègrent à l'architecture de bâtiments ou à l'environnement.

Pohénégamook • (418) 859-3280
ou framal@cegep-rdl.qc.ca

■ **Gizèle Gaboury** a cheminé en faisant du portrait et, sur papier, a croqué la vie au passage. Aujourd'hui en atelier, sa démarche évolue. C'est de façon autonome et déliée, à la manière

Gizèle Gaboury. *Le feu qui unit*

fauve, que les sensations et les émotions s'expriment. La nature est sa principale source d'inspiration à laquelle se rattache le caractère sacré du temps présent.

Pohénégamook • (418) 859-3076
ou Gizele.gaboury@globetrotter.net

Yves Harrisson • Chez cet artiste, le travail sur soi, l'introspection font naître l'idée. De l'idée naît le dessin. Le dessin ne pardonne pas, c'est le premier pas vers l'œuvre. Cet artiste veut toucher. Il est prolifique et son travail révèle un tempérament fougueux.

Notre-Dame-du-Lac • (418) 899-2747 ou yvesharrisson@hotmail.com

Yves Harrisson. *Sérigraphie 6*

Martin Nadeau au travail

Atelier Amboise et Économusée du meuble

Fils de menuisier-charpentier et installé sur la terre de son grand-père, **Martin Nadeau** s'intéresse à la reproduction de meubles traditionnels inspirés par divers styles, tant français que québécois. Du débitage du bois à la sculpture, de l'assemblage à l'application de la cire d'abeille, l'artisan et ses assistants font apparaître des pièces uniques. Pourquoi le nom de Amboise ? En souvenir de la petite ville française des bords de la Loire qui a marqué l'artisan lors de ses voyages de recherche en ébénisterie artisanale.

Économusée : Du mardi au dimanche de mai à septembre (10 h à 16 h) ou sur rendez-vous • Prix d'entrée à prévoir (13 ans et plus) • 619, rang Ignace-Nadeau à Pohénégamook (418) 859-3337 • www.atelieramboise.com

Les cartons d'Artémis • Atelier boutique

Rock Belzile sculpte et peint le carton, une matière qui a fait l'histoire de Cabano. Il travaille le carton en trois dimensions et crée des animaux et des personnages fantaisistes. L'artiste dessine et peint aussi, inspiré par l'esprit des lieux. Il offre à tous des séjours d'un jour ou deux en atelier.

De 10 h à 18 h de juin à septembre ou sur rendez-vous
2, rue Caldwell à Cabano • (418) 854-3835 • www.rockbelzile.com

Les Artisans forestiers
et Aventuriers de la Chasse-Galerie

Vincent Soulière fait des mocassins doublés de chaussons de feutre d'une solidité à toutes épreuves. Maître d'une cinquantaine de chiens de traîneau et guide en tourisme d'aventure, cet artisan sait confectionner chaussure à son pied !

Tous les jours • 23, rang 2 à Lejeune •
(418) 868-7438
www.chez.com/chassegalerie

■ **Bill Bouchard** • Lune, soleil, vent, castor et autres divinités de la nature, chaque sculpture raconte une histoire vivante qui nous lie à la Terre-Mère, qui révèle la présence de l'esprit dans le bois. Passionné par les mythes et l'histoire des Amérindiens de la côte ouest canadienne, Bill Bouchard a maintenant trouvé sa propre voie.

Cabano • www.artistdog.com
(418) 854-5718

Le petit bottin culturel du Témiscouata

Événements à surveiller

Les Cartonsfolies à Cabano · Grande fête avec jeux, animation, spectacles, feux d'artifice et prestations d'artisans
Fin de semaine de la Saint-Jean

Autres lieux à découvrir

Le Fort Ingall et **la Société d'histoire et d'archéologie du Témiscouata à Cabano** · Reconstitution d'une forteresse érigée en 1839 par les Britanniques pour protéger les frontières menacées par des querelles avec les Américains · Aujourd'hui centre d'interprétation · Hébergement en dortoir · Du 24 juin à la fête du travail · (418) 854-2375 · **www.roseraie.qc.ca**

Aster, la station scientifique du Bas-Saint-Laurent à Saint-Louis-du-Ha ! Ha ! – Observatoire et lieu d'éveil à l'astronomie, la géologie, la sismologie et la météorologie pour toute la famille
59, chemin Bellevue à Saint-Louis-du-Ha ! Ha ! · (418) 854-2172
www.asterbsl.ca

Le Musée du Domaine · Collection de voitures anciennes et classiques de production limitée · 1555, rue Principale à Pohénégamook · De la mi-mai à la mi-octobre · (418) 859-3535
www.museedudomaine.com

Le Centre d'artisanat Le Riverain · Ouvrages textiles dans l'ancienne gare de Rivière-Bleue · 85, rue Saint-Joseph Nord
De juin à novembre · (418) 893-2219 ou 2832

Le Centre d'art Hémérocalle à Notre-Dame-du-Lac expose les œuvres d'artistes régionaux · 681, rue Commerciale à Notre-Dame-du-Lac · Du 24 juin à la fin d'août

Adresses utiles

École Aristodanse · cours en danse contemporaine · 2038, rue Principale à Pohénégamook · (418) 859-2411

École de musique du Témiscouata à Cabano
ecoledemusiquetemiscouata.org · (418) 854-5568

Les **Basques**

Le nom est évocateur. Ici dans les Basques, on a des liens avec ce peuple de marins qui a fréquenté les îles et la côte au 16e siècle. Une certaine filiation teinte ces liens. Pour peu, on apprendrait en classe que « nos ancêtres les Basques » étaient de grands pêcheurs de baleines. Mais le lien ne peut être qu'amical. Les Basques sont des irréductibles, des parias pour les grandes puissances européennes, des indépendants... Tout pour plaire aux gens d'ici. L'affection semble réciproque. Encore aujourd'hui, tous les étés à Trois-Pistoles, on joue à la pelote, et des équipes basques et québécoises s'affrontent au milieu d'interjections colorées.

Bateau et chaloupe de bois à l'ancre à Trois-Pistoles.
Photo : Nathalie Le Coz

Faisant dos au fleuve, s'étend un territoire qui borde la rivière Trois-Pistoles depuis sa source. Les champs cultivés depuis un siècle et demi soulignent les rondeurs du plateau qui entoure la rivière qui, comme ses affluents, a creusé une vallée étonnamment profonde. Le couvert forestier parfois ancien, le plus souvent en plantation ou en repousse naturelle, avale une grande part du relief. Lorsque le regard embrasse ce paysage depuis un niveau élevé, on peut imaginer à quel point les rivières ont joué leur rôle de « chemins d'eau ». La Trois-Pistoles, dans l'axe du Saguenay, mène en ligne droite au lac Témiscouata, puis au fleuve Saint-Jean qui se jette dans la baie de Fundy en Atlantique. Sur ce

Jean Larivée, 2004

Première neige à Saint-Simon

parcours saisonnier des Amérindiens, des coureurs des bois ont longtemps battu le territoire en quête de fourrures. Tous ces nomades troquaient avec des trafiquants de passage : Basques, Rochelais, Portugais, Français, Anglais.

Peut-être est-ce ce passé d'errance qui a nourri le goût des Pistolois pour les histoires... celles dont on ne peut jamais vérifier tout à fait la véracité. Ici, les légendes se font, se défont et se déforment jusqu'à la « menterie » qui fait la joie du conteur et de son public. *Pis c'que j'dis là c'est vrai, vrai comme j'suis là. Pis si vous m'croyez pas, ben allez-y voir vous-mêmes dans les Basques !*

PAGE PRÉCÉDENTE
L'île aux Basques vue de la grève en hiver
Photo : Bertrand Lavoie

Les Basques

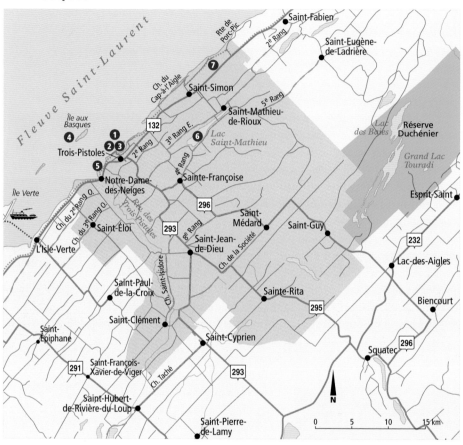

1. ÉchoFête
2. Défi des Îles
3. Coop Kayaks des Îles
4. Île aux Basques
5. Grève Morency
6. Lac Saint-Mathieu
7. Route verte à Saint-Simon-sur-Mer

Nature

«À la hauteur des Trois-Pistoles, dès que le jour baisse, le temps bascule si rapidement qu'il faut garder les yeux grands ouverts si on veut vraiment voir le soleil tomber dans la mer. Ça dure l'espace de quelques minutes puis n'existent plus que ces jeux d'ombres qui, continuellement, redessinent le paysage.»

Victor-Lévy Beaulieu dans *Docteur Ferron*, Stanké, 1991

Événements et activités organisées

■ **L'ÉchoFête** de Trois-Pistoles : le premier festival environnemental au Québec, créé en 2003. Sur le bord du fleuve, dans une atmosphère de fête qui n'est pas sans rappeler les rassemblements hippies de générations antérieures, on y aborde avec sérieux des sujets tels les changements climatiques que subit la planète et les choix politiques qui les accompagnent. Les conférenciers sont de haut calibre ! S'ajoutent des ateliers sur le compostage, la permaculture, le commerce équitable, des boutiques responsables et des activités pour tous. La fête s'étire tous les soirs avec la tenue d'excellents spectacles d'artistes québécois de rock alternatif, de musiques du monde, ska, reggae, etc. • Événement annuel sur quatre jours se terminant le dernier dimanche de juillet.

Programmation : www.echofete.ca
Billets en pré-vente ou sur le site • (418) 857-3248

■ **Le Défi des Îles** à Trois-Pistoles : un rendez-vous de kayakistes de mer lors d'une fin de semaine vers la fin juillet. Des sorties d'une demi-journée ou d'une journée autour des îles Razades et aux Basques sont au programme. S'ajoutent presque tous les ans des courses en kayak ou une combinaison de plusieurs activités sportives incluant le kayak. Le point de rendez-vous : la Coop Kayaks des Îles à Trois-Pistoles où on peut louer tout ce qu'il faut pour prendre la mer. La mise à l'eau se fait au quai de Trois-Pistoles par la plage en amont. Événement annuel sur **une fin de semaine de juillet**.

Programmation : www.kayaksdesiles.com • Des frais d'inscription minimes sont à prévoir • Pour louer de l'équipement, voir Coop Kayaks des Îles

Nathalie Le Coz

Kayak de mer

Pause kayak à l'Île
aux Basques

■ **La Coop Kayaks des Îles** vous propose deux sorties par jour sur le fleuve avec guide, si la température le permet. La sortie du matin se fait sur le thème de la présence basque dans les îles avoisinantes, et celle du soir vous fera découvrir le coucher de soleil au niveau de l'eau. Les sorties durent environ une heure et demie. On conseille de réserver. Les sorties requièrent au moins quatre partants. Bien sûr, on vous fournit tout l'équipement... sauf la crème solaire. Aucune expérience n'est requise. Possibilité de se joindre au groupe avec son propre équipement. La Coop est située un peu avant le quai de Trois-Pistoles • Tous les jours de la mi-juin au début de septembre (sur appel plus tôt en saison), à 10 h et 17 h 30 • Prix de l'activité avec ou sans location d'équipement.

Réservations : (418) 851-4MER (4637) ou 1 877 851-4637
www.kayaksdesiles.com

■ Une **visite guidée sur l'île aux Basques** s'impose à qui veut en savoir plus sur les débuts de la présence européenne en Amérique du Nord. En effet, les Basques, à partir de 1560 et peut-être avant, y faisaient de grandes pêches à la baleine pour en extraire une huile qui servait à éclairer les tables et même les rues des villes européennes. La visite guidée à l'île dure entre trois et quatre heures selon les marées. On y voit trois des fours de ces aventuriers basques qui y faisaient fondre la graisse de leurs gigantesques proies pêchées au harpon au large à bord de chaloupes! On y voit aussi une nature vierge, préservée depuis 1929 par la Société Provancher. N'hésitez pas à poser des questions aux guides: ils sont ferrés! Les membres de la Société Provancher peuvent séjourner jusqu'à une semaine dans l'un des trois chalets situés à l'ouest de l'île • www.provancher.qc.ca. Les amateurs d'ornithologie auront fort à faire pour repérer les 229 espèces d'oiseaux observées à ce jour sur cette île! Il y a des départs du quai de Trois-Pistoles tous les jours du début juin à septembre, sauf par mauvais temps; l'horaire varie selon les marées • Le prix inclut la traversée en bateau et la visite guidée.

Réservations: auprès du gardien de l'île, M. Jean-Pierre Rioux au (418) 851-1202.

L'abbé Léon Provancher, un des beaux esprits scientifiques de son temps, fonde notamment **Le naturaliste canadien** *en 1868, une revue où les scientifiques exposeront leurs observations et leurs découvertes, et les amateurs pourront s'initier à l'étude de la nature. En 1929, la Société Provancher acquiert l'île aux Basques, puis les îles Razades par la suite.*

Sorties rafraîchissantes et randonnées pour tous

Francis Pelletier

Grève Morency un peu brumeuse

Pique-nique • Baignade • Mise à l'eau

■ **La grève Morency** à Trois-Pistoles : bordée d'un espace vert et éloignée des routes passantes, véritable lieu de recueillement face au fleuve, d'accès facile. L'oie et l'outarde y font une halte au printemps et à l'automne. D'autres espèces d'oiseaux y séjournent durant l'été. «Le littoral basque», une des sections du Sentier national et de la Route verte, passe par cette grève.

■ **Le lac Saint-Mathieu** : un lieu de villégiature très achalandé. Les accès publics, mises à l'eau et plage municipale se trouvent à la tête et au pied du lac. L'arrivée par Sainte-Françoise, par le 4ᵉ rang vers l'est, de même que le rang 3 vers l'ouest offrent de très beaux points de vue.

Vélo • Marche

▦ **La Route verte** le long du fleuve entre Notre-Dame-des-Neiges et la Route de Porc-Pic à l'est de Saint-Simon emprunte des tronçons de pistes cyclables et des rangs peu fréquentés. À faire!

▦ **La Route verte du littoral basque à Saint-Simon-sur-Mer** emprunte un étroit chemin réservé aux cyclistes et aux marcheurs. Un traitement de surface au bitume rend ce chemin dur et adhérent. Cette piste d'un peu plus de 4 km présente un bon niveau de difficulté aux cyclistes: de l'ouest vers l'est ou l'inverse, elle grimpe et redescend abruptement un monadnock d'une élévation de 226 m. Elle est jalonnée de points d'observation et d'un promontoire qui déborde la corniche au-dessus du vide vers la mer. Le spectacle de cette nappe d'eau bordée de montagnes, dont les bosses du Bic en forme de vagues vers l'est, est saisissant. Au pied des pins rouges s'étend un tapis de mousse de sphaigne. Rien n'empêche les cyclistes d'allonger leur circuit sur la Route verte ou de faire la boucle à partir de l'embranchement Route de la Grève/ Chemin Côté en revenant par la Route de Porc-Pic et la 132.

Vue des abords du fleuve Saint-Laurent, près de Saint-Simon-sur-mer

L'industrie de la tourbe

On voit par temps sec, l'été, des nuages de poussière rouge s'élever au-dessus des champs. Ce sont les plus fines particules de tourbe soulevées par d'énormes aspirateurs. La tourbe — qui n'a rien à voir avec les rouleaux de gazon — cette «terre» légère, riche et qui retient l'eau, vendue en sac pour les besoins de l'horticulture, provient de l'accumulation depuis plusieurs milliers d'années, à raison de 2 mm par an, de végétaux où la mousse de sphaigne prédomine. Gorgés d'eau et peu oxygénés, ces écosystèmes se décomposent très lentement. D'un point de vue géologique, on définit la tourbe comme étant un jeune charbon. Dans plusieurs millions d'années, elle deviendrait charbon pour se transformer ensuite en pétrole.

En plus de fournir une gamme de produits destinés au jardinage, la tourbe de sphaigne est de plus en plus utilisée dans le traitement des eaux usées. Elle sert de filtre qui retient les polluants, de même que les micro-organismes qui se nourrissent de ces polluants. Après huit ans d'utilisation, ces filtres sont compostables!

Nathalie Le Coz

■ Les routes 293, 295 et 296 ainsi que le rang Saint-Isidore orienté nord-sud, et les rangs parallèles au fleuve (2e, 3e, 4e, 8e, et le Chemin de la Société Est) offrent de nombreuses possibilités de boucles cyclables.

■ Des rangs et des villages à ne pas manquer: les **3e et 2e rangs Est entre Saint-Mathieu et la route 293** qui mène à Trois-Pistoles; le **4e rang entre Sainte-Françoise et Saint-Mathieu**; la **route du Moulin** et son prolongement, le **rang Saint-Isidore entre Saint-Clément et la 293** au nord de Saint-Jean-de-Dieu.

Benoît Parent

Vélo dans les Basques

Des démarches de colonisation très laborieuses...
Pari perdu du clergé?

C'est la coupe de bois, bien plus que l'agriculture, qui a amené les gens à peupler le pays jusque dans les terres. Pourtant, l'Église a fait une promotion acharnée de l'attachement à la terre et des vertus de l'agriculture. Elle voyait dans le respect de ces valeurs une façon pour les Canadiens d'occuper le territoire après la Conquête britannique en 1760.

Armoiries de Saint-Clément

Natif de Saint-Jean-de-Dieu derrière Trois-Pistoles, Victor-Lévy Beaulieu déclare : « ... pendant mon adolescence, on m'a rebattu les oreilles de cette idée lumineuse que les Québécois, de tout temps, ont été un peuple de colons. C'était effrayant jusqu'à quel point les gens de mon pays aimaient la terre!... Quelle niaiserie! »

« On cultivait juste ce qu'il fallait pour apporter du pain dans la huche; le reste on le demandait au gibier et aux poissons de la mer et des rivières », confiait un siècle plus tôt Charles Gauvreau, écrivain né en 1860 à L'Isle-Verte.

Beaucoup de ceux qui ont essayé l'agriculture ont quitté pour les États-Unis et Montréal. Saisonniers entre 1840 et 1860 environ, ces déplacements furent plus définitifs par la suite. On n'hésite pas à parler d'hémorragie au Bas-Saint-Laurent autour de 1880, alors que plus de 10 000 personnes quittent. À Saint-Jean-de-Dieu, en 1891, on recense 18 familles identifiées comme employées de « factries de coton »... en Nouvelle-Angleterre de toute évidence. Derrière Rivière-du-Loup et Trois-Pistoles, les nouveaux hameaux ne comptent jamais assez de paroissiens pour construire une église. Enfin, une première est construite à Saint-François-Xavier-de-Viger, mais fermée et démolie en 1891 une fois le village déserté par ses habitants. On relate à cette époque des disettes, des feux, une épidémie de picote...

« Qui de nous n'a pas assisté à ces ventes de départ, un jour gris d'automne... », déplore l'abbé Georges-Marie Bilodeau dans son ouvrage *Pour rester au pays* (1926), sorte de manuel du parfait colon pauvre !

Les portages millénaires des Malécites

Les sentiers qui longent les rivières, comme celui de la Trois-Pistoles, sont souvent très anciens. Les rapides trop dangereux à descendre ou les courants trop forts à remonter forçaient les voyageurs à portager canots et bagages sur ces sentiers damés depuis plusieurs millénaires. Ces voyageurs au Bas-Saint-Laurent étaient en majorité des Malécites. Longtemps confondus par les Blancs avec les Etchemins, leurs voisins de l'ouest avec lesquels ils vivaient en harmonie, les Malécites constituaient une nation qui évoluait de la baie de Fundy en Atlantique au fleuve Saint-Laurent sur un axe tracé par le fleuve Saint-Jean, la rivière Madawaska, le lac Témiscouata. De là, le trajet au fleuve Saint-Laurent se ramifiait : les Malécites et autres voyageurs rejoignaient la rivière Trois-Pistoles par le ruisseau Ashberish à la tête du lac Témiscouata, ou en remontant la rivière et les lacs Touladi jusqu'au lac et la rivière des Aigles, le lac Saint-Jean et la rivière Boisbouscache.

Ils empruntaient aussi deux tracés essentiellement terrestres : l'un reliait Cabano à L'Isle-Verte en ligne droite, et l'autre reliait la rivière Cabano à la rivière des Caps à l'ouest de Notre-Dame-du-Portage. Bien plus tard, on a construit le Chemin du Lac sur ce dernier tracé consacré « Portage du Témiscouata ». Sur le tracé précédent, un chemin parallèle à la route qui relie Saint-Hubert et Saint-Épiphane s'appelle encore la Route des Sauvages. On dit que les Malécites pouvaient faire le trajet complet entre l'Atlantique et le Saint-Laurent en une dizaine de jours. Nul doute que ces gens-là voyageaient léger et avaient le pied sûr ! Et là ne s'arrêtait pas toujours leur course. Ils traversaient régulièrement le fleuve en empruntant le trajet « île Verte – île Rouge – Tadoussac » où se retrouvaient Montagnais, Algonquins et Micmacs pour faire des affaires et prendre part à de mémorables *tabagies* !

L'agriculture chez les Malécites consistait à semer des graines de courges et de maïs dans des lieux découverts près des portages qui les menaient au printemps vers le fleuve Saint-Laurent pour la saison de la pêche. Ils moissonnaient au retour vers leurs territoires de chasse.

Trois canots en écorce remplis de provisions
(P251-201), Musée du Nouveau-Brunswick

◼ **Le Sentier national** traverse les Basques du nord au sud sur plus de 50 km en remontant la rivière Trois-Pistoles, puis un de ses affluents sur quelques kilomètres, soit la rivière Sénescoupé. Il traverse ensuite une campagne ondulée, des boisés puis la rivière Toupiké pour rejoindre enfin la ligne de partage des eaux, le bassin du fleuve Saint-Laurent et celui de la baie de Fundy. Le sentier se poursuit vers le sud au Témiscouata jusqu'à Dégelis (voir p. 120). Ce sentier entièrement balisé est entretenu par la Corporation PARC Bas-Saint-Laurent avec le soutien de bénévoles.

● ● **Cinq tronçons de 11 à 16 km chacun** constituent le Sentier national dans Les Basques. On peut subdiviser la plupart de ces tronçons lorsqu'ils longent ou traversent une route. Le sentier et les stationnements qui délimitent les tronçons sont accessibles gratuitement à longueur d'année. L'accès à quelques stationnements alternatifs sur les routes secondaires non déneigées est limité. • La marche est totalement déconseillée en période de chasse au gros gibier.

Bertrand Lavoie

● ● **Le littoral basque** | SENTIER LINÉAIRE DE 12,1 KM
Cette portion de sentier traverse un territoire habité et emprunte des allées aménagées, ce qui n'enlève rien à sa beauté, surtout lorsqu'il avoisine la grève Morency face au fleuve. Plus loin, il remonte l'embouchure de la rivière Trois-Pistoles et s'approche du Sault McKenzie et d'autres cassures qui sectionnent la rivière. Le tronçon débute sur la rue du Parc à Trois-Pistoles et se termine à la passerelle Basque sur le site d'un ancien barrage. Autres voies d'accès le long du tronçon : Camping municipal de Trois-Pistoles • Église de Notre-Dame-des-Neiges.

⚫⚫ **Rivière des Trois-Pistoles** | SENTIER LINÉAIRE DE 13,2 KM

Sur ce tronçon qui longe la rivière, on prend soudainement conscience qu'on marche sur un sentier de portage très ancien. La rivière Trois-Pistoles est en effet un des chemins d'eau les plus directs avec le Témiscouata et la mer au sud du Nouveau-Brunswick. Aujourd'hui, on traverse par endroits des champs d'avoine et d'orge. Ce tronçon se termine au pont des Trois-Roches, entre Saint-Éloi et Saint-Jean-de-Dieu.

⚫⚫ **Rivière Sénescoupé** | SENTIER LINÉAIRE DE 15,7 KM

Qui eut cru qu'une si petite rivière pouvait avoir façonné une vallée si profonde! Cet affluent de la rivière Trois-Pistoles s'y jette après trois sauts. Le sentier qui le longe est beau à «Sénescouper-le-souffle»... Un conseil: en raquettes, munissez-vous de bâtons. Ce tronçon va jusqu'à la passerelle Sénescoupé, à 1 km d'un camping dans le village de Saint-Clément. Autres voies d'accès: stationnements au nord et au sud du rang Saint-Isidore • Pont près du Moulin Beaulieu.

⚫⚫ **Rivière Toupiké** | SENTIER LINÉAIRE DE 11,5 KM

Cette section remonte la Sénescoupé sur 2 km, puis bifurque en forêt et traverse quelques rangs pour rejoindre la rivière Toupiké. Un paysage forestier domine, tantôt coupé, tantôt reboisé. Ce tronçon offre quelques points de vue sur la campagne. Il se termine au camping Leblond près de Saint-Cyprien. Autres voies d'accès: stationnement sur la route du Petit-Rang près du pont à Saint-Clément • par une bretelle d'accès au village de Saint-Cyprien.

⚫⚫ **Les Sept Lacs** | SENTIER LINÉAIRE DE 11,3 KM

Cette portion du sentier, en forêt, traverse souvent des érablières et de jeunes plantations. En hauteur, le sentier passe du bassin versant du Saint-Laurent à celui du fleuve Saint-Jean au Nouveau-Brunswick. Ce tronçon se termine au rang des Sept-Lacs à Sainte-Rita.

Gilles Fraser

Carte du Sentier national • Les Basques

Numéros et noms des tronçons	Voies d'accès et stationnements	Degré de difficulté	Longueur des tronçons
❶ Le Littoral basque	A. Parc de l'aventure basque en amérique	Facile	12,1 km
❷ Rivière des Trois Pistoles	B. Passerelle Basque	Intermédiaire	13,2 km
❸ Sénescoupé	C. Pont des Trois-Roches	Intermédiaire	15,7 km
❹ Toupiké	D. Passerelle Sénescoupé	Intermédiaire	11,5 km
❺ Les Sept Lacs	E Camping Leblond	Intermédiaire	11,3 km

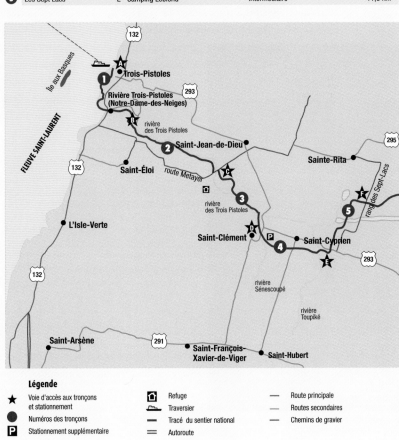

Légende

★ Voie d'accès aux tronçons et stationnement

⬤ Numéros des tronçons

🅿 Stationnement supplémentaire

🏠 Refuge

⛴ Traversier

— Tracé du sentier national

= Autoroute

— Route principale

— Routes secondaires

— Chemins de gravier

◗ À l'aventure !

Longue randonnée (Marche • Raquette)

▦ Pour les amateurs de longues randonnées : quatre refuges ont été aménagés sur **le Sentier national**, soit ceux des Trois-Roches dans les Basques, du Ruisseau Noir, des Cascades Sutherland et de la plage du Curé-Cyr au Témiscouata. Gérés par la Corporation PARC Bas-Saint-Laurent, ces refuges, combinés avec des campings ou d'autres lieux d'hébergement offrent la possibilité de parcourir tout le sentier en 11 jours (144 km)… ou une partie seulement, bien entendu ! La carte indique ces lieux dans les Basques (voir en page 120 pour la suite du sentier au Témiscouata).

Informations et réservations :
Corporation PARC Bas-Saint-Laurent
120, boul. Hôtel-de-Ville à Rivière-du-Loup
(418) 867-8882
direction@parcbasstlaurent.com
Service de transport de bagages et de navette pour rejoindre votre véhicule à l'autre bout du parcours :
Corporation touristique de Saint-Clément
(25-A, rue Saint-Pierre) • (418) 963-7283
www.info-basques.com/senescoupe
Michel Desmarais du Domaine des Trois-Roches :
(418) 898-2167

Kayak de mer

▦ **La Route bleue du sud de l'estuaire** • Voir **Route bleue** au chapitre sur le Kamouraska, page 40.

Bertrand Lavoie

La traversée d'une plantation

Le petit bottin de la nature des Basques

Événements à surveiller

Les tournois internationaux de pelote basque au PABA
à Trois-Pistoles · Des joueurs de Trois-Pistoles et d'ailleurs
au Québec, de Saint-Pierre-et-Miquelon et une équipe envoyée
par la Fédération française de pelote basque s'affrontent
durant les 10 derniers jours de juillet · www.paba.qc.ca

Autres lieux à découvrir

Le parc du mont Saint-Mathieu est un centre de ski familial
dont les pentes sont orientées vers le fleuve. Il borde
le lac Saint-Mathieu et domine une longue vallée qui vaut
le coup d'œil · (418) ou (877) 738-2298.

Adresses utiles

Le Bureau d'information touristique de Trois-Pistoles
durant l'été · (418) 851-3698

Le Camping municipal de Trois-Pistoles, très bien situé
et aménagé, est à deux pas des activités à faire à partir
de Trois-Pistoles · (418) 845-4545 ou (418) 851-1377

Possibilité de transport pour des navettes, entre les points
de départ et d'arrivée d'une randonnée, autour de Trois-
Pistoles par Taxi Saint-Jean · (418) 851-2316 à Trois-Pistoles

Location de vélos · Sports Excellence au 83,
rue Notre-Dame Est à Trois-Pistoles · (418) 851-4636

Carte du réseau cyclable sur demande :
www.tourismebas-st-laurent.com · 1 800 563-5268

Passerelle Basque sur la rivière Trois-Pistoles
Photo: Bertrand Lavoie

Lecture au bord de la mer, Trois Pistoles de Joseph-Charles Franchère. Huile sur toile, 1900
Musée national des beaux-arts du Québec

Culture

« Vous connaissez votre pays. On ne peut être ignorant quand on connaît son pays. Les ignorants, eux, s'occupent de statistiques. »

Victor-Lévy Beaulieu dans *L'Héritage*, Stanké, 1991

Événements culturels

Le Rendez-vous des Grandes gueules de Trois-Pistoles réunit des conteurs québécois et des conteurs de la francophonie. Ils s'y retrouvent depuis 1996 à l'automne et donnent vie à un festival de contes et récits. Dans une vieille forge où l'on dispose quelque 200 chaises pour les besoins du spectacle, des inventeurs d'histoires vous tiennent en haleine des heures durant... avec des histoires pour tous. Dans la journée, des « randonnées du conteur » vous emmènent en autobus scolaire dans un bois ou près d'une rivière explorer l'univers à travers le prisme d'un guide pas du tout comme les autres. Le concours de « la plus grande menterie » vous fera découvrir des talents qui émergent aux Îles-de-la-Madeleine, au Bas-Saint-Laurent, à Montréal, en Outaouais et en Abitibi. Cet événement est une grande fête de la parole, en plein cœur de l'automne • Événement annuel d'une fin de semaine à **l'Action de grâce**.

Programmation : www.contesrecits.ca
Billets à l'Hôtel de Ville de Trois-Pistoles ou sur place à la Vieille Forge
363, rue Vézina à Tois-Pistoles
(418) 857-3248

Le conte à Trois-Pistoles, c'est encore plus que ça. Dans le quotidien des classes d'alphabétisation, des gens construisent leur propre récit de vie avec un tuteur conteur pour mieux apprendre à l'écrire. De temps à autre pendant l'année, des « cafés de la parole » invitent des gens de métiers peu communs à se raconter : maîtresses d'écoles de rang, capitaines de bateaux, etc. Pour le fondateur du Festival des Grandes gueules, Maurice Vaney, le conte, c'est d'abord une façon de redonner la parole au monde.

La randonnée du conteur avec Marc Laberge sur le bord de la rivière Trois-Pistoles, 2005

▸ Artistes et artisans
en ateliers, en galeries ou en boutiques

Claude Dumont peint et expose depuis 1966. C'est un chercheur : effets de lumière par transparence, géométrie et jeu de plans, il pousse parfois jusqu'à l'abstraction. C'est un intuitif et un sensible : par la douceur des coloris, il rend avec lyrisme les paysages qui entourent son atelier. Et c'est un être spirituel : soumis au mystère de l'univers et au doute qui régissent le sort des humains, son écriture picturale cherche à traduire un monde invisible et impalpable, fluide et vaporeux.

16, rue du Parc à Trois-Pistoles
(418) 851-2733

Galerie d'art de Saint-Mathieu

Charles-Étienne Monat, peintre, est un fervent défenseur de l'art figuratif. Tantôt expressionniste, tantôt impressionniste, tanguant entre le fauvisme, l'art pop et le cubisme, ce jeune peintre assume pleinement son éclectisme. Et non seulement il produit, mais il expose aussi dans sa propre galerie de Saint-Mathieu-de-Rioux, juste en face de l'église. Dans ce lieu tout simple, vous verrez surtout son travail et celui d'autres artistes des Basques. Du mercredi au dimanche après-midi, de la mi-mars à la fin décembre ou sur rendez-vous.

376, rue Principale à Saint-Mathieu
(418) 738-2187
Galerieartstmathieu@globetrotter.net

Charles-Étienne Monat, *Pétrifié*

L'érection d'églises au 19ᵉ siècle
Un véritable marché de l'art religieux

Les débouchés en matière d'art religieux ne manquaient pas. Par contre, ce marché était constitué de fiefs. Les artistes de Québec se partageaient l'est de la province, Charlevoix et Côte-Nord inclus, et ne pouvaient que très rarement prétendre à des contrats autour de Montréal.

À l'échelle québécoise, un retour aux styles du passé (néo-médiéval, néobyzantin, néoclassicisme, etc.) avec parfois un mélange de plusieurs styles – ce que l'on nomme éclectisme – caractérise l'architecture religieuse de la seconde moitié du 19ᵉ siècle. L'Europe est une inépuisable source d'inspiration. En sculpture, on se crée toutefois un style. En peinture, on admire Rome par-dessus tout. Beaucoup d'églises sont ornées de toiles de maîtres italiens dont certains, comme Gagliardi et Pasqualoni, présentent plus d'intérêt que les autres.

Sculptures de Louis Jobin
À gauche : l'ange St-Michel
à l'église de Trois-Pistoles
Ci-contre : Saint-André à l'entrée
de l'église de Saint andré

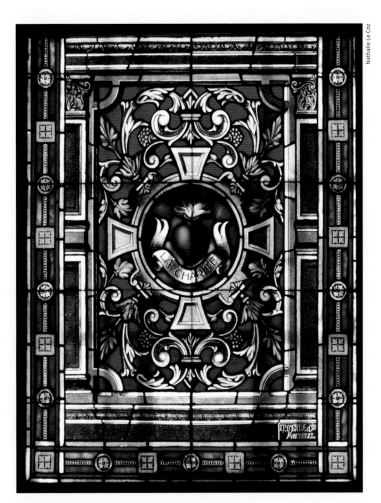

Vitrail de Guido Nincheri, église Saint-François à Rivière-du-Loup

Des dynasties de bâtisseurs d'églises

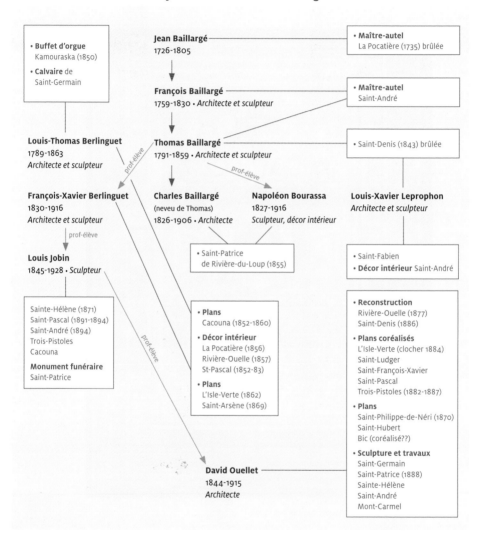

Jean Baillargé ——————————————— • **Maître-autel**
1726-1805   La Pocatière (1735) brûlée

• **Buffet d'orgue**
  Kamouraska (1850)

• **Calvaire** de
  Saint-Germain

François Baillargé ———————————— • **Maître-autel**
1759-1830 • *Architecte et sculpteur*   Saint-André

Louis-Thomas Berlinguet   **Thomas Baillargé** ———————— • Saint-Denis (1843) brûlée
1789-1863   1791-1859 • *Architecte et sculpteur*
Architecte et sculpteur

prof-élève   *prof-élève*

François-Xavier Berlinguet   **Charles Baillargé**   **Napoléon Bourassa**   **Louis-Xavier Leprophon**
1830-1916   (neveu de Thomas)   1827-1916   *Architecte et sculpteur*
Architecte et sculpteur   1826-1906 • *Architecte* *Sculpteur, décor intérieur*

prof-élève

Louis Jobin   • Saint-Patrice   • Saint-Fabien
1845-1928 • *Sculpteur*   de Rivière-du-Loup (1855) • **Décor intérieur** Saint-André

Sainte-Hélène (1871)   • **Plans**   • **Reconstruction**
Saint-Pascal (1891-1894)   Cacouna (1852-1860)   Rivière-Ouelle (1877)
Saint-André (1894)   Saint-Denis (1886)
Trois-Pistoles   • **Décor intérieur**
Cacouna   La Pocatière (1856)   • **Plans coréalisés**
                                  Rivière-Ouelle (1857)   L'Isle-Verte (clocher 1884)
Monument funéraire   St-Pascal (1852-83)   Saint-Ludger
Saint-Patrice   Saint-François-Xavier
                               • **Plans**   Saint-Pascal
                                  L'Isle-Verte (1862)   Trois-Pistoles (1882-1887)
                                  Saint-Arsène (1869)
                                                            • **Plans**
                                                             Saint-Philippe-de-Néri (1870)
prof-élève   Saint-Hubert
                                                             Bic (coréalisé??)

                               David Ouellet ————————— • **Sculpture et travaux**
                               1844-1915   Saint-Germain
                               Architecte   Saint-Patrice (1888)
                                                            Sainte-Hélène
                                                            Saint-André
                                                            Mont-Carmel

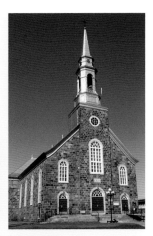

Église de Trois-Pistoles
(David Ouellet)

Église Saint-Patrice de Rivière-du-Loup
(Charles Baillargé)

Église de Saint-Arsène
(François-Xavier Berlinguet)

Gérard Morisset (1898-1970), l'une des plus grandes figures du domaine culturel du Québec, affirme que les caractères de cette architecture « apparaissent avec une belle fantaisie dans l'œuvre de Charles Baillargé ; avec une sécheresse anguleuse, coupante, dans les mornes églises gothiques de Berlinguet fils ; [...] avec une inquiétante complication dans les ouvrages de Napoléon Bourassa ; avec beaucoup de grandiloquence dans les trop nombreux monuments de pierre et de brique que David Ouellet a construits, de Lotbinière à Gaspé. »

(Dans *Coup d'œil sur les arts en Nouvelle-France*, 1941)

Maître-autel de Napoléon Bourassa,
église Saint-Patrice de Rivière-du-Loup

■ **Luc Malenfant** est de ceux qui connaissent la culture médiévale à fond. Dans l'art du mobilier à cette époque, dit-il, tout part du coffre. Mais sa connaissance de cet art ne s'arrête pas là! Il a reproduit des meubles Louis XV en Charente Maritime et touché à d'autres styles en travaillant à l'atelier de restauration de Parcs Canada, à l'atelier Amboise à Pohénégamook et ailleurs. Luc Malenfant est un sculpteur qui a voulu intégrer ses œuvres dans un contexte utilitaire. C'est un intrépide, un généreux, un gothique flamboyant!

Saint-Mathieu • (418) 738-2080
luc.malenfant@globetrotter.net

La Maison du Notaire

Une galerie-boutique sise dans une belle maison ancienne de Trois-Pistoles expose les créations de peintres paysagistes et d'artisans de la région. Une petite salle à ne pas manquer au 1er étage: celle des métiers d'art traditionnels où l'on trouve couvertures de laine tissées, catalognes et courtepointes.

De la mi-mai à la mi-octobre
168, rue Notre-Dame Est
à Trois-Pistoles • (418) 851-1656
www.maisondunotaire.ca

■ **Marc Millette**. Ce céramiste a eu le coup de foudre pour l'argile il y a quelques années. Il est fasciné par le raku, une technique très ancienne de cuisson donnant des couleurs fidèles aux minerais qui composent les glaçures... et des surprises! Cet artisan produit également des pièces utilitaires aux couleurs et motifs plus contrôlés.

Rivière-Trois-Pistoles • (418) 851-3576
www.poterie-millette.com

■ **Ghislaine Gabrielle Gagnon**. «J'aime les textures et les couleurs, les tissus chatoyants que je récupère depuis mon enfance. Je les transforme en couvertures, en tableaux de tissus, en vêtements brodés, perlés, peints au rythme de ma fantaisie. J'oublie les énumérations, la symétrie, les principes. Ma signature d'artisane surpique le cœur et rend la vie aux travaux oubliés.»

Notre-Dame-des-Neiges • (418) 851-4167
largon@globetrotter.net

Auteurs et vie littéraire

Victor-Lévy Beaulieu, figure dominante de la littérature québécoise, touche depuis 1968 à toutes les formes d'écriture, aussi bien le roman, le scénario de film, l'essai spécialisé, le téléroman, le théâtre, l'entrevue radiodiffusée que la chronique journalistique. Seule la poésie échappe à sa plume généreuse autant qu'acerbe. Les prix honorifiques abondent. Issu d'un milieu très modeste, allergique à certains courants de pensée dominants, il a même refusé des prix. Né à Saint-Paul-de-la-Croix en 1945, Victor-Lévy Beaulieu alias vlb a élu domicile dans cette région d'où foisonne et rayonne son œuvre littéraire et éditoriale. Profondément nationaliste, VLB n'a jamais soumis son écriture à cette cause, pas plus que le reste d'ailleurs! Émule de Jacques Ferron, Hubert Aquin, Gustave

Yves Desgagnés et Sylvie Léonard dans *L'héritage* de Victor-Lévy Beaulieu. Réalisation de Maurice Falardeau (SRC), 1986. Photo: André Le Coz.

Flaubert et James Joyce, VLB met en scène les marginaux, les laissés-pour-compte, les figures plus ou moins oubliées d'histoires anciennes d'un peuple plus ou moins lettré. De la misère, il fait naître le merveilleux, sinon le mythe. **Docteur Ferron**, **L'héritage**, ou le **Manuel de la petite littérature du Québec** figurent parmi la cinquantaine de titres signés Victor-Lévy Beaulieu.

Michel Leblond est de la graine des conteurs, un peu menteurs mais toujours à la recherche de vérité. Sceptiques? Une légende bien pistoloise raconte qu'à la Noël de 1839, une chasse aux loups-marins vouée au drame s'est terminée dans la joie. Alors que la banquise se détachait, emportant à la dérive une centaine de chasseurs, les prières du curé ont fait virer le courant de bord. Leblond a fouillé et retrouvé le vrai sauveur: Ti-Louis Sirois. Débâtisseur de l'ancien conte, LeBlond en a créé un nouveau, moins chrétien mais tout aussi savoureux. On peut lire ses histoires dans son recueil de contes publié aux Éditions Trois-Pistoles.

**Le circuit patrimonial, le circuit des légendes
et celui des lieux de tournage de Victor-Lévy Beaulieu à Trois-Pistoles**

Voilà un trois pour un qui, souhaitons-le, vous retiendra quelque temps dans cette municipalité pleine d'intérêt. Pour vous guider, vous trouverez des dépliants au bureau d'information touristique. Si vous choisissez de vous diriger à votre guise, des panneaux d'information sur le patrimoine bâti attireront votre attention.

Le petit bottin culturel des Basques

Événements à surveiller

La Route des attraits et des artistes-artisans des Basques
Une invitation à sillonner la région durant deux fins
de semaine de septembre, alors que les artistes
et producteurs du terroir ouvrent leurs portes au public
www.laroute.lesbasques.net

Des soirées de contes à la Vieille forge durant l'été,
les «samedi de conter» reviennent aux deux semaines
entre la mi-juin et la fin août.

Autres lieux à découvrir

Le Parc de l'aventure basque en Amérique
Centre d'interprétation historique et archéologique
sur l'arrivée des Européens en Amérique, dont celle des Basques
Du début juin à l'Action de grâce
66, rue du Parc à Trois-Pistoles (418) ou 1 877 851-1556
www.paba.qc.ca

Le Caveau théâtre offre du théâtre professionnel durant l'été
21, rue Pelletier à Trois-Pistoles · (418) 851-4759

Adresses utiles

Les Amis de l'Art - Cours de peinture aux débutants,
intermédiaires et de perfectionnement à Trois-Pistoles.
Renseignements disponibles par la Maison du Notaire au
(418) 851-1656

Les Éditions Trois-Pistoles

(418) 851-8888 ou **ecrivain@globetrotter.com**

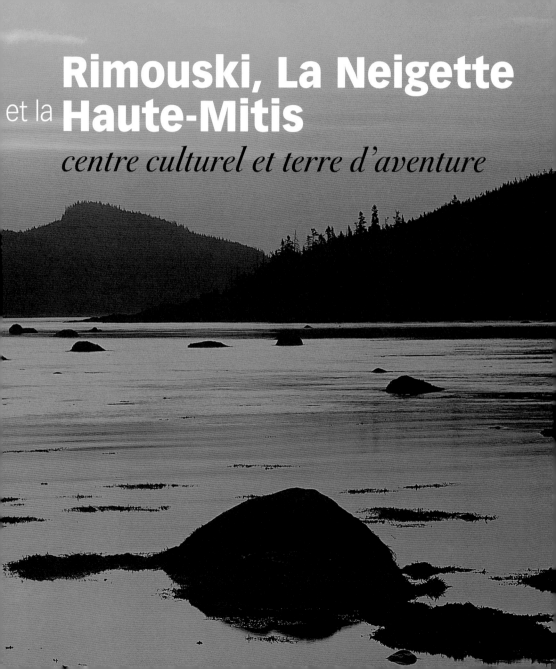

Rimouski, La Neigette et la Haute-Mitis

et la Haute-Mitis

centre culturel et terre d'aventure

La ville de Rimouski
vue de la banquise
avec cabanes
de pêcheurs

L E VILLAGE DE SAINT-GERMAIN-DE-RIMOUSKI est longtemps resté le dernier poste vers l'est de la rive sud du fleuve. Isolés, confrontés aux rigueurs du climat, visités seulement une quinzaine de fois l'an par les missionnaires durant un siècle, les premiers habitants de Saint-Germain n'étaient pas des gens dociles. La route à peu près carrossable n'est arrivée que très tard, vers 1830. Alors, cette communauté s'est petit à petit organisée comme les autres. Comme ailleurs, à compter du 19e siècle, l'exploitation forestière prime dans les pinèdes de la longue vallée de la rivière Rimouski. Vers 1850, Rimouski devient aussi ville portuaire, pivot entre les Maritimes et le centre du pays. Puis, l'évêché rimouskois flanqué d'un impressionnant appareil clérical rayonne sur tout l'est du Québec. Au tournant du 20e siècle, le rôle de chef-lieu administratif régional de la ville de Rimouski est chose acquise.

En 1950, la ville est rasée par le feu. Elle semble avoir été rebâtie à la hâte autour de quelques imposants édifices qui ont tenu le coup, comme le grand séminaire ou l'ancienne église aujourd'hui musée. En fait, durant une trentaine d'années, la reconstruction de la ville et son expansion ont été canalisées par des promoteurs aux visées commerciales qui ont fait du front de mer un axe plus ou moins heureux de centres d'achats et d'artères routières. En dépit de cela, le Rimouski culturel va éclore. L'abbé Georges Beaulieu fonde la Société des concerts dans les années 1950 et soutient une programmation de spectacles à l'auditorium du Séminaire qui stimulera une génération de créateurs. Adrien Thério et Gilles Vigneault sont de ceux-là. Les Compagnons de l'art s'intéressent aux talents locaux, exposent les peintres et inaugurent une école de ballet en 1962. Puis, les

Kayaks au Bic. Photo: Guylain Timmons

années 1970 voient les fondations d'une université, d'un musée, d'un cinéma répertoire, d'un conservatoire de musique, d'une compagnie de théâtre. C'est l'explosion: événements et regroupements naissent et subsistent encore aujourd'hui. Après un creux de vague dans les années 1990, le mouvement a repris de plus belle. Une nouvelle génération investit résolument l'espace.

Terre de contrastes: à peine sorti de la couronne des villages de Saint-Fabien, Bic, Saint-Anaclet, Sainte-Blandine, le territoire est quasi désert. Les réserves Duchénier et Rimouski, ajoutées à la zec Bas-Saint-Laurent en Haute-Mitis monopolisent la moitié de la superficie régionale. Cette vaste zone verte sur les cartes qui déborde sur la Gaspésie, le Nouveau-Brunswick, le Témiscouata et le Maine donne à rêver à qui veut se perdre où... se retrouver!

Lac 4e rang ouest à Saint-Anaclet

Photo : Jean Larrivée, 2001

Les oies sur la batture

Photo : Guylain Timmons

Rimouski, La Neigette et la Haute-Mitis

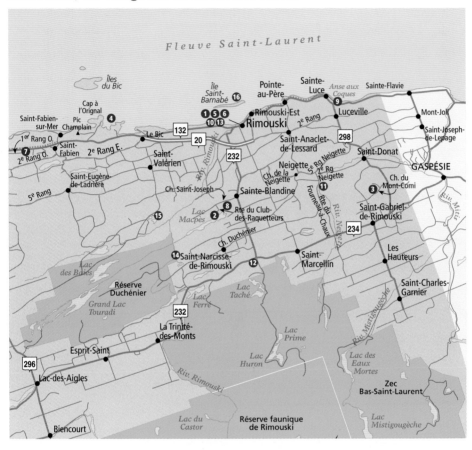

1. Marathon
2. Centre de plein air Mouski
3. Parc de Mont-Comi
4. Parc national du Bic
5. Kayak Rivi-Air Aventure
6. Coop nautique de l'Estuaire
7. Ranch CR
8. Macpès Aventure
9. Grèves de Sainte-Luce-sur-Mer
10. Parc Beauséjour
11. Chute de la rivière Neigette
12. Halte routière (point de vue)
13. Sentiers du Rocher Blanc
14. Canyon des Portes de l'Enfer
15. Sentier de la Montagne Ronde
16. Île Saint-Barnabé

········· Piste cyclable   - - - Rangs à vélo

Nature

« Dans bon nombre de colonies nouvelles, on trouve ainsi de ces types étranges, soit amoureux de solitude, soit poussés par un besoin irrésistible d'aller en avant de tous les autres, qui ont trouvé le moyen de vivre, de suffire à eux-mêmes et à leur famille, dans un isolement complet. »

Arthur Buies, *Chronique I*, Édition critique par Francis Parmentier, Montréal, P.U.M., Bibliothèque du Nouveau Monde, 1986 ; ces *Chroniques* ont été écrites entre 1871 et 1878.

▶ Événements et activités organisées

Départ de la course centre Mouski (randonnée du cerf)

▦ **Le Marathon de Rimouski**, chaque **premier dimanche d'octobre**, propose quatre parcours aux participants plus nombreux d'année en année : le marathon (42,2 km) et le demi-marathon (21,1 km), le 10 km et le 4,2 km qui peuvent se faire à la course ou à la marche. Les départs se font à proximité de l'Institut maritime et le parcours suit la Promenade de la Mer, soit jusqu'à Pointe-au-Père, soit jusqu'à Sainte-Luce (aller-retour). Ravitaillement en eau et boisson énergétique, repas chauds et remises de prix, tout est prévu.
Réservations : www.marathonderimouski.com

▦ **La randonnée du cerf en ski de fond** du Centre de plein air Mouski • En février, les skieurs sont invités à parcourir un circuit de 20, 30, 40 ou 60 km qui longe en partie la rivière Rimouski et emprunte la réserve Duchénier. Le paysage le long du canyon de la Rimouski vaut à lui seul la randonnée. L'activité ne comporte aucun volet compétitif et prévoit le transport par autobus, du ravitaillement dans trois relais et un repas à l'arrivée. La randonnée a lieu un samedi de la mi-février • Inscription payante (rabais pour les membres).

Informations : Centre de plein air Mouski au 230, chemin des Raquetteurs à Sainte-Blandine (418) 735-5525 ou (418) 723-5680

▣ **Le Téléfestival du parc du Mont-Comi** accueille durant trois jours, vers la **mi-février**, les amateurs de **télémark** d'un peu partout au Québec, et ce, depuis plus de 20 ans. Sont inscrites à l'horaire des cliniques d'apprentissage et de perfectionnement pour tous calibres de télémarkeurs. Une course amicale en après-midi le samedi met en compétition de véritables champions... vous peut-être ?! Souper et soirée de danse finissent par calmer les plus énergiques, pour quelques heures à peine. Des dortoirs au pied des pistes peuvent héberger tous les participants. Aux amateurs de télémark comme à tous ceux qui sont tentés d'essayer cette élégante technique de ski de descente, voilà un rendez-vous à ne pas manquer au Québec !

Informations : 300, chemin du Plateau à Saint-Donat-de-Rimouski **www.marathonderimouski.com** • (418) 739-4858 ou 1 866 739-4859

Skieur en compétition amicale au Téléfestival du Mont-Comi   Arrivée de la course de télémark

Marche • Kayak de mer

⬛ Au **parc national du Bic**, on trouve de tout : randonnées guidées, sorties guidées en kayak de mer ou en zodiak, camping d'hiver sous la tente ou en yourte, centre d'interprétation, spectacles l'été, activités sur le thème «tout ce que vous avez toujours voulu savoir sur la nature», et... beaucoup d'achalandage durant la haute saison. Et pour cause ! C'est beau, très beau. Pour en savoir plus, nous vous suggérons d'aller à la source des renseignements du Service des parcs du Québec. Conseil et coups de cœur : pour camper loin des bruits de la circulation de la route 132, réservez un emplacement dans le camping qui donne sur la Baie du Ha ! Ha ! Le passage du cap, très accidenté, fait du **sentier du Cap-à-l'Orignal** une randonnée difficile, surtout à marée haute. Mais on oublie tout tant la beauté rude de cette nature enivre. Qui sait ? un phoque gris ou une baleine viendra peut-être vous flairer en passant • **Boucle d'environ 8 km** Soyez bien chaussés ! **Le pic Champlain**, avec ses oiseaux de proie,

Jean Larrivée, 1992

Le Bic au printemps

domine les environs. On y accède par une crête rocheuse du côté du sentier des Murailles (4,5 km aller simple), et par une montée graduelle mais franche du côté du sentier du Pic-Champlain (3 km aller simple). Pour faire la randonnée complète, on suggère de laisser véhicules ou vélos aux points d'entrée et de sortie (chemin de Saint-Fabien-sur-Mer pour le sentier des Murailles et entrée du Cap à l'Orignal pour le sentier Pic-Champlain).

Des excursions sur le fleuve en kayak sont au menu trois fois par jour (si la température le permet), de la mi-mai à la mi-octobre, à partir du secteur Havre du Bic dans le parc. Les heures de départ oscillent autour de 8 h, 13 h et 18 h. Ces sorties sont organisées et guidées par Kayak Zodiak Archipel du Bic inc.

Réservations : SEPAQ · 1 800 665-6527 ou **parc.bic@sepaq.com**
Marina du Bic en saison : (418) 736-5232 · **www.kayakzodiakarchipeldubic.com**

Avant la route carrossable entre Trois-Pistoles et Rimouski

« Dans ce temps-là, il n'y avait pas de Chemin du Roi entre les Trois-Pistoles et Rimouski, on allait par eau ou bien à pied en suivant la grève. Le long des Murailles, on était obligé de prendre l'appoint de la marée pour passer. [...] On mettait environ deux jours à faire le passage, ce n'était pas commode et pourtant c'était plaisant. [...] Quand on voyage en canot ou de son pied, qu'on saute les rapides dans les bouillons ou qu'on fait portage, qu'on marche sur les feuilles, sur le sable et les galets, qu'on chausse la raquette pour la neige, qu'on campe sur la grève ou dans le bois, qu'on dort sur le sapin... oh ! C'est tout différent ; on n'oublie pas ça. »

Extrait tiré de la légende « Le passage des Murailles et le père Ambroise » dans *Forestiers et voyageurs* de Joseph-Charles Taché

Né à Kamouraska en 1820 et mort à Ottawa en 1894, Joseph-Charles Taché est médecin à Rimouski, député et homme de lettres connu surtout grâce à un recueil de légendes intitulé Forestiers et voyageurs *publié en 1863*

Kayak de mer • Voile

■ **Kayak Rivi-Air Aventure**, un centre de formation en kayak de mer sur le bord de la rivière en plein Rimouski, offre aussi des excursions avec ou sans accompagnateur, des sorties thématiques, et loue des kayaks.

www.rivi-air.qc.ca • (418) 723-5252

■ **L'école de voile-croisière de la Coopérative nautique de l'Estuaire** invite néophytes et initiés à des cours techniques (météo, mécanique, etc.) et des sorties sur le fleuve en face de Rimouski (navigation de plaisance et côtière, manœuvres, etc.) d'une durée de 6 à 33 heures. L'école décerne les brevets d'opérateur nautique et d'opérateur radio restreint VHF. Elle loue trois voiliers sans capitaine dont les membres ont une certaine expérience. Ne tardez pas à réserver, cette école a du succès !

Informations : 53, rue Saint-Germain Ouest à Rimouski, Local A-205
www.rimouskiweb.com/coopnautique • (418) 724-2822 # 2042

La navigation sur le Saint-Laurent

Le fleuve Saint-Laurent est très difficile à naviguer. Il est parsemé de hauts-fonds, îles et récifs ; ses eaux sont mues par de forts courants et marées ; des vents soudains le balaient et de fréquentes nappes de brouillard le couvrent. De Bougainville, homme d'armes français et grand navigateur, disait en 1756 que « les écueils dont ce fleuve est rempli, sa navigation la plus dangereuse et la plus difficile qu'il y ait sont le meilleur rempart de Québec ». D'ailleurs, peu de choses ont été faites sous le régime français pour en simplifier la navigation. Tout juste a-t-on effectué quelques levées hydrographiques, formé des pilotes et construit deux alignements ou amets à l'île aux Ruaux et l'île d'Orléans sous la direction de Richard Testu de La Richardière, capitaine du port de Québec entre 1727 et 1740... Et pourtant ! les Anglais ont pris Québec en 1760.

Le port de Rimouski

Aussitôt, James Cook, le père de l'hydrographie moderne, effectue des sondages. Des pilotes expérimentés stationnés au Bic et à l'île aux Coudres prêtent main forte aux navigateurs peu familiers avec le fleuve. Mais, faute de deniers publics, la construction de phares tarde. Le tout premier n'est érigé sur l'île Verte qu'en 1809. Il faut attendre 1841 pour voir s'allumer un phare à l'île Bicquette. Puis, ceux de Bellechasse, l'île aux Grues, la Grande Île de Kamouraska, du Long Pèlerin et de l'île du Pot à l'Eau-de-Vie entrent en fonction en 1862... quelque 100 ans après la conquête.

Soixante navires auraient fait naufrage dans les eaux du Saint-Laurent entre 1776 et 1783, selon des recensements nationaux rapportés par le spécialiste Normand Lafrenière. Ce nombre s'accroît considérablement au 19e siècle avec l'augmentation du nombre de navires qui fréquentent le fleuve. Une autre spécialiste, Lorraine Guay, énumère les naufrages du père Boucher à l'île du Bic en 1676, de l'*Harlequin* en 1829 à l'île Verte, de l'*Acadia* en 1831, du *Great Britain* en 1843, du *Laurel* en 1845 et du *Balanrich* en 1850, du vapeur *Otter* en 1898 à l'île Blanche, l'*Endeaver* aux îles du Pot à l'Eau-de-vie en 1835 et l'*Empress of Ireland* en 1914 au large de Saint-Luce.

Un métier disparu : gardien de phare

Rencontre avec Maurice Thibault, dernier gardien de l'île Bicquette

dans le cadre de l'Inventaire des ressources ethnologiques du patrimoine immatériel (IREPI)
Pascal Huot et Maude Redmond Morissette, Université Laval

Un métier s'est éteint, mais une lumière reste allumée. Autrefois, dans un passé pas très lointain, des hommes s'isolaient volontairement pour devenir les yeux des navires et les guider à bon port. Loin du mythe de l'ermite, les gardiens de phare, ces guides du fleuve Saint-Laurent, étaient des hommes dévoués à leur métier. Maurice Thibault est un bel exemple de ces hommes qui avaient la vocation, la passion du métier. C'est au retour de la Première Guerre mondiale que Hernest Thibault, son père, a été parachuté comme gardien de phare à l'île Bicquette où il a demeuré de 1938 à 1962. Ainsi, Maurice Thibault a passé tous les étés de son enfance sur l'île Bicquette et il a toujours su qu'il voulait exercer ce métier. C'est le 4 août 1944, alors âgé de 15 ans, qu'il est devenu à son tour gardien de phare. Dernier gardien de l'île, Maurice Thibault a dédié plus de 40 années de sa vie au phare et à une île qu'il a fait sienne jusqu'à sa retraite. Il a alors vu la fin de ce métier, causée par la modernisation et la fiabilité de l'automatisation le 15 septembre 1987.

Pour ces hommes ancrés sur une terre entourée d'eau, exercer le métier de gardien de phare exige un mode de vie bien particulier. Engagé par la Garde côtière, Maurice Thibault devait vivre sur l'île Bicquette neuf mois par année. Il était en congé trois mois durant l'hiver et à ce moment, il retournait vivre au Bic où il demeure encore aujourd'hui. Sa famille venait le rejoindre sur l'île durant la saison estivale. Le gardien de phare se rendait au village du Bic une fois par semaine pour s'approvisionner en nourriture. Vu les mauvaises conditions climatiques sur le fleuve à l'automne, il devait alors s'approvisionner pour plusieurs semaines. Sur l'île Bicquette, il y avait habituellement trois gardiens de phare qui se relayaient au cours de la journée.

La lumière du phare s'est énormément transformée au fil des ans. De 1841 à 1909, les gardiens de phare devaient allumer les mèches de sept lampes à l'huile. Par la suite, il fallait allumer une seule grosse lampe à l'huile. Finalement, avec l'arrivée de l'électricité sur l'île en 1970, les lampes à l'huile ont été remplacées par une ampoule électrique. Le gardien devait entretenir le phare et les autres bâtisses présentes sur l'île. Ainsi, jusqu'à la fin des années 1980, le métier de gardien de phare était en constante évolution. Ce sont ces avancées technologiques qui ont graduellement fait disparaître le métier bien que le phare soit toujours en fonction pour guider les bateaux sur le fleuve Saint-Laurent.

Bicquette, Henry Richard S. Bunnett, 1885-1889

Équitation

■ **Le Ranch CR** à Saint-Fabien : des randonnées à cheval d'une heure à une journée, selon vos capacités et souhaits. Et aussi des balades le long du fleuve à Saint-Fabien-sur-Mer…

Réservations : 131, 1er rang Ouest à Saint-Fabien • (418) 869-3484

Traîneau à chiens
Photo : Yvan Couillard

Ski de fond et de descente

■ **Le Centre de plein air Mouski :** 30 km de sentiers de ski de fond classique, 20 km de ski de patin et 15 km de sentiers de raquette balisés. Situés en forêt, ces sentiers traversent un ravage de chevreuils.

Informations : 230, chemin des Raquetteurs à Sainte-Blandine (418) 735-5525

■ **Le parc du Mont-Comi** • « Il a neigé à Port-au-Prince, il pleut encore à Chamonix »… et il neige toujours au mont Comi ! Ce centre alpin, repaire de télémarkeurs, fait le bonheur des amateurs de neige naturelle, non damée sur plusieurs pistes, et « folle » dans les sous-bois. On y trouve école de ski, hébergement, garderie, forfaits saisonniers, etc. Vingt kilomètres de sentiers de ski de fond sillonnent le parc du Mont-Comi. Le centre est ouvert principalement du mercredi au dimanche et tous les jours pendant les Fêtes et les congés scolaires.

Informations : 300, chemin du Plateau à Saint-Donat-de-Rimouski
www.mont-comi.qc.ca • (418) ou 1 866 739-4858

Traîneau à chiens

■ **Macpès Aventure** propose des randonnées de traîneau à chiens variant de deux heures à trois jours avec coucher sous la tente mongolienne ou prospecteurs. Une formation vous prépare à diriger votre propre attelage. Les plus longues randonnées prévoient les repas et couchers sous la tente. Vos hôtes : Régine et Jean Caouette.

Réservations : 749, chemin Saint-Joseph à Rimouski (Secteur Sainte-Blandine)
www.macesaventure.com • (418) 735-5571 ou (418) 732-5229

Sorties rafraîchissantes et randonnées pour tous

Baignade • Pique-nique et point de vue • Ski de fond et raquette • Marche • Vélo

■ **Les grèves de Sainte-Luce-sur-Mer** s'étirent des deux côtés d'une pointe où est perchée l'église. Elles invitent à des kilomètres de marche et à la baignade dans une ambiance de station balnéaire : estivants de passage ou à demeure, terrasses et boutiques, ribambelles d'enfants sur la plage. On n'y est pas seul ! En partant de l'église vers l'ouest sur 5 km, on peut se rendre au Site historique maritime de la Pointe-au-Père (voir le bottin p. 197).

■ **Le parc Beauséjour** : un des poumons de la ville de Rimouski. En fin de journée, près du stationnement, des jeunes à calotte s'y attroupent pour fumer une cigarette hors de leurs voitures. Un peu plus loin, des gens ont rendez-vous avec les goélands et cormorans qui paressent sur les hauts-fonds de la rivière. Dès le lever du soleil, coureurs et skieurs de fond pénètrent plus loin dans le parc qui entoure la rivière Rimouski (**15 km de sentiers**). En juin, des pêcheurs à la mouche, de fosse en fosse, taquinent le saumon en plein cœur de ce parc ! Ce lieu a plusieurs personnalités : l'une est franchement urbaine avec ses aménagements floraux, ses sculptures monumentales et ses pelouses impeccables; l'autre est bien sauvage, avec ses sentiers en plein bois ou sur le bord de la rivière.

■ **La chute de la rivière Neigette** : un lieu de rendez-vous du tout Rimouski les journées chaudes. Cette petite rivière au parcours assez tranquille déboule ici les contreforts de la chaîne du Mont-Comi vers la rivière Mitis. Des murets de pierre, un peu précaires, forment de grands bassins au pied de la chute où barbotent petits et grands. La chute est magnifique, de même que la campagne environnante. Un pont couvert enjambe la rivière en aval sur le 2e rang Neigette Est. On accède à la chute par le chemin Fourneau-à-Chaux.

■ **Une halte routière entre Sainte-Blandine et Trinité-des-Monts** vaut qu'on s'y arrête. Située sur la route 232 à l'ouest de l'embranchement de la route 234 qui mène à Saint-Marcellin, elle domine une vallée bordée par un écran montagneux qui délimite la ZEC Bas-Saint-Laurent. La Montagne Blanche domine cet écran. Au fond de la vallée, vers l'ouest, on devine le lac Ferré.

Nathalie Le Coz

Chute de la rivière Neigette

Outardes à
l'Anse-aux-Sables
Photo : Nathalie Le Coz

■ **Les sentiers pédestre et cyclable du littoral jusqu'au Rocher Blanc** à Rimouski : un bonheur pour tous ceux qui veulent s'évader de la ville, vers le fleuve, sans avoir à prendre une voiture. Il suffit de longer le fleuve par la promenade, ou d'entrer directement dans les sentiers au pied de la rivière près du pont. On s'éloigne tout de suite de la ville pour n'en retrouver un quartier qu'à l'autre bout du parcours. À marée basse, à pied, on peut poursuivre jusqu'au bout par la grève, jusqu'à la plage de l'Anse-aux-Sables. Le point de vue sur les îles du Bic et l'odeur de varech sont un pur plaisir • **5,5 km linéaires.**

■ **Le Canyon des Portes de l'Enfer** de la rivière Rimouski s'amorce à la chute du Grand Sault en amont de Sainte-Blandine et descend sur 5 km environ dans un couloir rocheux de 90 m de hauteur par endroit. Une splendeur! Qui croit encore qu'il n'y a de canyons qu'au Colorado ? **14 km de sentiers pédestres** (dont deux boucles d'environ 5 km et 2,5 km respectivement) et **10 km de sentiers de vélo de montagne** sillonnent le parc. Ces sentiers offrent des points de vue sur la rivière. Passerelle, trottoirs sur les flancs des parois rocheuses et escalier descendant au pied du canyon le long d'une chute s'intègrent au paysage et mettent le visiteur en contact avec un lieu exceptionnel. On peut camper dans ce parc, à proximité du Grand Sault, soit en amont du canyon. Ouvert de la mi-mai à la fin octobre • Prix d'entrée selon l'âge. Forfaits famille et groupe, cartes saisonnières pour individus et famille, frais additionnels pour le camping.

Réservations : 1280, chemin Duchénier à Saint-Narcisse
www.canyonportesenfer.qc.ca • (418) 735-6032

Les îles du Bic vues du sentier du Rocher Blanc
Photo : Nathalie Le Coz

Le sentier de la Montagne Ronde • De Saint-Valérien vers le sud-est, on aperçoit une impressionnante paroi rocheuse : la Montagne Ronde. Un sentier mène au sommet par derrière et donne à voir une ample vallée feuillue où zigzague la petite rivière Rimouski. Au loin, vers le nord-est, on devine la mer. Le sentier en lui-même offre peu d'intérêt, mais les points de vue qu'il donne valent le détour. Le sentier du Haut sommet débute à 5,5 km de l'intersection du chemin de la Montagne Ronde • **Sentier linéaire de 1 km environ.**

Vélo

Un parcours est prévu pour les vélos entre **Rimouski-Est et l'Anse aux Coques** à l'est de Sainte-Luce. Étant en bordure d'une route passante, l'attention est tournée vers la mer. Les plus hardis peuvent faire une boucle par le 2ᵉ rang via Luceville et Saint-Anaclet.

Un peu en hauteur, le **2ᵉ rang Est entre Saint-Mathieu et Le Bic**, ou entre Saint-Fabien et Le Bic, ne manque nullement d'intérêt !

Jean Larrivée, 2004

Saint-Fabien vu d'un rang

PAGE PRÉCÉDENTE

Au pied du canyon
de la rivière Rimouski

■ À ne pas rater! **La route Neigette et le 5ᵉ rang Est à Neigette** : ce parcours entre les routes 232 et 298 emprunte une vallée campagnarde au pied du massif du mont Comi. La balade est superbe et un petit détour mène à une pause à la chute de la rivière Neigette.

■ **Le 5ᵉ rang reliant Saint-Eugène-de-Ladrière et Saint-Mathieu-de-Rioux** suit l'arête d'un plissement qui borde au sud une série de lacs et de rivières jusqu'au lac Saint-Mathieu. Ce rang exige de bonnes jambes et de bons freins. Mais, au cœur d'une riche campagne, il donne à voir une vallée profonde et des coups d'œil panoramiques sur les Appalaches.

Jean Larrivée, 1987

Le rang Neigette

DÉCOUVRIR LE BAS-SAINT-LAURENT

À l'aventure !

Circuit de canot en eau calme

Guylain Timmons

▓ **La réserve faunique Duchénier**, qui abrite l'un des plus importants ravages de cerfs de Virginie du Bas-Saint-Laurent, est aussi remarquable par la quantité de plans d'eau qui inondent les longs plissements orientés vers le nord-nord-est. Plusieurs de ces lacs communiquent, et quelques portages sont aménagés pour créer des circuits intéressants en canot. Au moins trois sites de camping

Campement de canoteurs dans la Réserve Duchénier

en bordure des lacs Lâche, à la Perche et Petit Touradi permettent d'organiser une sortie de plusieurs jours sur un **réseau canotable empruntant les lacs Grosses truites, Touradi et des Baies**. N'hésitez pas à vous renseigner auprès des gestionnaires de la réserve. **Les postes d'accueil:** Saint-Narcisse accessible par le chemin Duchénier à partir du village de Saint-Narcisse • Saint-Valérien que l'on rejoint par le rang 7 reliant Saint-Valérien et Saint-Guy • Saint-Guy, à proximité de ce village.

Jean Larrivée

Réserve Rimouski, lac du Castor

Renseignements et réservations : 1500, chemin Duchénier C.P. 1070 à Saint-Narcisse (418) 735-5222 • **www.reserve-duchenier.com**

▓ **La réserve faunique de Rimouski** abrite elle aussi de très beaux plans d'eau propices au canotage, tels **les lacs Rimouski, Kedgwick et du Castor**. Des chalets, héritage de l'époque florissante des clubs privés de chasse et pêche, bordent ces lacs. Un camping rustique est aménagé sur le lac Rimouski. La réserve est ouverte de mi-mai à mi-novembre.

Informations et réservations : poste d'accueil au 112, route de la réserve Rimouski à Saint-Narcisse (1 km au sud de la jonction des routes 232 et 234 à Saint-Narcisse) (418) 735-2226 • SÉPAQ : 1 800 665-6527 **rimouski@sepaq.com** • **www.sepaq.com/rf/rim/fr**

◼ Des lacs et des bras de rivières dans **la ZEC Bas-Saint-Laurent** sont à découvrir. On est en territoire où l'exploitation forestière est bien visible mais non dénuée d'intérêt. La route pour s'y rendre depuis Rimouski, en passant par Saint-Marcellin et Saint-Gabriel puis Les Hauteurs est magnifique. Avec une vue sur 360°, ce dernier village porte bien son nom. Les **lacs Mistigougèche et des Eaux Mortes** sont agréables à naviguer en canot. Deux campings (sans services) bordent le bras de rivière qui relie les deux lacs. D'autres lacs sont à découvrir, tels les **lacs Huron** et **Prime, Neigette, Taché et Chic-Choc**. Un sentier de 6 km est aménagé à partir du camping du lac Chic-Choc • **Trois postes d'accueil** où l'on doit s'enregistrer bordent la ZEC : Les Hauteurs près de Saint-Gabriel • (418) 798-8325 •, Caribou près de Saint-Marcellin • (418) 735-2542 • 50 km accessible par le lac Humqui en Gaspésie.

Informations hors saison : 188, rue Lavoie à Rimouski • (418) 723-5766
www.zecbsl.com • Procurez-vous la carte de la ZEC et faites-vous expliquer comment accéder au lieu où vous désirez vous rendre, car les indications sont rares sur le territoire. Faites-vous également expliquer où sont les meilleures sources d'eau potable, ou prévoyez une réserve d'eau.

Canot ou kayak d'eau vive

◼ **La rivière Mistigougèche** coule dans une vallée encaissée sur toute sa longueur (26 km de la digue du lac aux Eaux-Mortes à la rivière Mitis). La première section, plus étroite et abrupte, consiste en rapides continus d'eaux vives à RIV avec des seuils occasionnels. Pour faire la seconde section, plus calme, on met à l'eau au pont qui enjambe la rivière sur la route 298 entre Les Hauteurs et Saint-Charles-Garnier au fond d'une profonde coulée.

La Mitis calme
en automne
Photo : Guylain Timmons

◼ **La Mitis** comporte deux sections. Du pont de la Rédemption en aval du Grand Sault à Sainte-Angèle-de-Mérici, sur 22 km, elle coule en rapides continuels d'eaux vives à RIII. Elle se termine en amont d'une digue. Par la suite, sur 17 km, soit jusqu'au Pont Price en amont du barrage, les courants s'affaiblissent (eau vive et RI).

Le cheval et le bûcheron, pour l'avenir de la forêt

Rencontre avec Denis Croft

Dans le cadre de l'Inventaire des ressources ethnologiques du patrimoine immatériel (IREPI)
Auteurs : Pascal Huot et Maude Redmond Morissette, Université Laval

Dans la famille Croft, on devient bûcheron de père en fils depuis plusieurs générations. En accompagnant souvent son père en forêt, Denis a développé sa passion du bois et des chevaux. Dès l'âge de seize ans, il a travaillé pour des compagnies forestières, mais il est travailleur autonome depuis quelques années maintenant. Cela lui donne l'occasion de jumeler son affection pour les chevaux à son travail quotidien. En effet, il combine ses efforts à ceux de Max, son cheval, et adapte son travail à sa vision d'une forêt exploitée intelligemment, dans une optique de développement durable. Une fois les arbres abattus, Max aide à sortir rapidement les billots du bois, sans nuire à la régénération de la forêt comme le ferait une machinerie trop volumineuse. Ce retour aux pratiques d'hier pourrait, selon ce bûcheron dans la jeune vingtaine, être une voie à suivre pour sauvegarder le territoire.

IREPI 2006

Denis Croft et Max

Résidant de Saint-Gabriel dans la Mitis, Denis Croft a la chance d'exercer son métier en périphérie de son village grâce à la forte demande pour ce type de travail dans la région. Les clients reconnaissent la valeur des façons de faire du jeune bûcheron dont les talents et la réputation dépassent le territoire immédiat. De plus en plus, les propriétaires de terres à bois sont sensibles aux problèmes environnementaux et cherchent à employer des méthodes plus « douces » pour le travail forestier.

Il faut toute une vie pour apprendre et maîtriser le métier de bûcheron et Denis Croft n'en est qu'à ses premiers « faits d'arbre ». Il espère vivre de sa passion aussi longtemps que sa santé le lui permettra : « Tant que ça va aller. » Pour pratiquer le métier de bûcheron comme Denis Croft le fait si bien, il faut aimer le bois, la nature et peut-être bien avoir une âme de solitaire... Bien qu'avec Max – son coéquipier – le travail est sans doute plus agréable !

Draveur un jour, mais pas pour toujours : la réalité derrière le mythe

Rencontre avec Patrice Bérubé

Dans le cadre de l'Inventaire des ressources ethnologiques du patrimoine immatériel (IREPI)
Auteurs : Pascal Huot et Maude Redmond Morissette, Université Laval

Nathalie Le Coz

Patrice Bérubé de Saint-Eugène-de-Ladrière fait chantier comme bûcheron au Bas-Saint-Laurent comme sur la Côte-Nord. Durant les années 1950, alors employé de la compagnie Price à Rimouski, il est amené à travailler près du lac Rimouski à 60 km de la ville. De l'automne au printemps, les hommes bûchent le bois et les billots s'empilent le long du lac en attendant le dégel mythique, signal qu'il est temps de prendre les habits de draveur. En fait, seule la veste de sauvetage marque cette transition.

Patrice Bérubé et son épouse Francine

« Moi ma *job*, c'était de me coucher au-devant du *boat* pour piquer les billots et les faire descendre. [...] Quand le lac était vide, c'est là qu'on prenait la rivière et c'est là que le *fun* commençait. » Cinquante à soixante hommes prennent alors d'assaut la rivière Rimouski pour une semaine. En bateaux à rames, ils poussent les billots dans le courant jusqu'au moulin à scie Price, à l'embouchure de la rivière. Ils sont six par embarcation : quatre rameurs, un barreur et un piqueur couché à l'avant, armé d'une gaffe. S'ils trouvent un *jam*, un amoncellement de billots sur la rivière, les draveurs doivent monter directement sur les *pitounes* tenaces pour les faire bouger... ou les dynamiter. Pour permettre aux billots de poursuivre leur descente infernale, certains draveurs doivent descendre en rappel au fond de la chute avec des sacs de dynamite qu'ils déposent dans l'amoncellement de bois. La mèche allumée, le feu au derrière, ils doivent remonter le plus rapidement possible.

Le transport des *pitounes* par flottage est interdit depuis environ 25 ans car le bois contamine l'eau. Ce métier qui appartient au passé, Patrice Bérubé l'a exercé durant seulement deux années, et cette expérience est classée dans ses mauvais souvenirs. Il a aimé travailler au lac Rimouski, mais il n'a pas apprécié la descente et une baignade inattendue, lui qui ne savait même pas nager.

La Neigette : une petite rivière de printemps qui coule en milieu agricole toute en eaux vives et drossages, souvent coupée d'embâcles. Elle peut se descendre du pont couvert sur le 5ᵉ rang Est près de Neigette jusqu'au village de Saint-Donat, ou de celui-ci jusqu'au pont de la Mitis.

La Neigette au printemps

La Rimouski peut être découpée en quatre sections. Du pont situé au kilomètre 78 de la route qui traverse la Réserve de Rimouski vers le lac Rimouski, jusqu'au lac Ferré (en passant par le barrage des Trois petits Saults qui se portage), elle roule des eaux vives à RII de façon presque ininterrompue sur 33 km. Puis, « Les Saults » consistent en rapides continus d'eaux vives à RIII entrecoupés de petites suites de seuils sur 18 km entre le pont du Lac Ferré jusqu'au Grand Sault. À 800 mètres en aval du Grand Sault commence la très sportive section du Canyon des Portes de l'enfer, soit un rapide RIII continu sur plus de 3 km dans le canyon (RIV à eau très haute) jusqu'au ruisseau du lac Chaud (ou la Pêche à l'anguille). De là, la dernière section descend jusqu'au barrage « La Pulpe » à Rimouski, sur 18 km, dont le premier tiers est encore turbulent à la sortie du canyon (RI à RIII). L'accès aux deux dernières sections se fait par le parc du canyon, ouvert de la mi-mai à la fin octobre. Il faut donc aviser les gestionnaires du parc.
www.canyonportesenfer.qc.ca · (418) 735-6032

De plus : Possibilité de se joindre au Club de canot de Rimouski La Cordelle ou à d'autres clubs québécois (coordonnées à jour par la Fédération québécoise de canot et kayak · www.canot-kayak.qc.ca.

La Rimouski en amont du barrage de « La Pulpe »
Photo : Guylain Timmons

François Provost

Kayaks dans la brume

Kayak de mer

▦ **L'île Saint-Barnabé** face à Rimouski, toute en longueur, abrite des vents un bras de mer relativement calme qui fait de cette île une destination intéressante en kayak de mer à marée haute. Un camping aménagé côté nord de l'île comprend 12 sites rustiques, dont 4 offerts en priorité et gratuitement aux kayakistes empruntant la Route bleue. Il faut toutefois réserver avant 13 h le jour même. Le camping prévoit également deux sites de «prêt à camper» en tentes prospecteurs. Il existe un forfait incluant la location d'une embarcation auprès de Kayak Rivi-Air Aventure et une nuitée en camping.

Réservations: Marina de Rimouski • (418) 723-2280

▦ **La Route bleue du sud de l'estuaire** · Voir **Route bleue** au chapitre sur le Kamouraska, page 40.

Nathalie Le Coz

Le petit bottin de la nature de Rimouski-Neigette et de la Haute-Mitis

Événements à surveiller

La Fête de la Forêt à Saint-Eugène-de-Ladrière :
dernière fin de semaine d'août · **www.ladriere.qc.ca**

Le Festival country-western de Saint-Gabriel :
deuxième semaine d'août

Autres lieux à découvrir

**Le Site historique maritime de la Pointe-au-Père
(soit l'ancien Musée de la mer et le phare)** · Le musée relate
l'histoire du naufrage de l'*Empress of Ireland* en 1914
1034 rue du Phare · (418) 724-6214

Le Camp maritime Ulysse offre aux jeunes de 11 à 18 ans une
expérience sur le thème de la mer : activités dans les laboratoires
de l'Institut maritime du Québec et en mer (voilier, kayak, plongée)
6 ou 12 nuitées entre la fin juin et le début août
53, rue Saint-Germain Ouest à Rimouski · (418) 724-2822

Le mont Val-Neigette · Centre de ski alpin à Sainte-Blandine
(418) 735-2800

Association des pêcheurs d'éperlans de la rivière Rimouski
www.eperlan.multimania.com

Adresses utiles

Tourisme Rimouski · 50, rue Saint-Germain Ouest
www.tourisme-rimouski.org · 1 800 746-6875 · (418) 723-2322

Location d'équipement (vélos, skis et planches, kayaks, etc.)
chez **Gendron Sports** · 86, rue Saint-Germain Ouest
(418) 724-2011

Carte du réseau cyclable sur demande :
www.tourismebas-st-laurent.com · 1 800 563-5268

Yeux de pierreries de Basque

Léonard Parent, dit « Basque », né à Trois-Pistoles, peint depuis 1948. Jadis dans l'abstraction, il lui préfère aujourd'hui la figuration. Il traduit une nature vigoureuse dans d'immenses huiles à la spatule. Basque est aussi connu pour ses lavis à l'encre où les lumières chaudes, l'écriture libre expriment l'intensité des émotions.

Culture

Volières. Matin de mai. Sainte-Luce-sur-Mer. Et la pensée comme une aube
à la bouche. Tu apprivoises la gravité des choses, le galet dans la paume,
l'abeille qui tressaille entre les blés, la face cachée de Dieu sous la pierre polie.
Tu épelles le mystère : existence.

Altitude d'être là. Dans l'instant. Et ravissement du cœur qui palpite,
ivre et soudain sans effroi.

Que cela dure, vivre, jusqu'à ce que tu entendes la nuit s'appesantir
et que tu voies ta nuit et ton ombre se confondre.

Paul Chanel Malenfant, extrait de *Du seul fait d'exister*, Éditions Trait d'Union, 2000

▶ Événements culturels

■ **Le Festi Jazz international de Rimouski** :
un beau moment de l'année pour les
Rimouskois. L'événement prend
d'assaut le centre-ville et marque la
transition entre l'été finissant et la
rentrée. Des rêveurs avaient imaginé
et mis au monde ce festival qui a plus
de 20 ans. La programmation en est
une de jazz bien sûr, mais de musiques du monde aussi. Elle propose
des grands noms, des musiciens en
pleine ascension, des locaux, des
nationaux et internationaux • Événement (4 jours) la **première fin de semaine
de septembre**.

Programmation : (418) 724-7844
www.festijazzrimouski.com

Nathalie Le Coz

Martin Roussel au piano

■ **Le Festival international d'orgue et de clavecin de Rimouski**, une Académie soutenue par le Conservatoire de musique, compte une douzaine d'éditions déjà. L'événement est en fait une imposante classe de maîtres de cinq jours au **début juillet**, ouverte au public. Les stagiaires désireux de parfaire leur formation affluent de partout au Québec. Les demandes d'admission se font en mai au conservatoire. Les concerts font vibrer les murs des églises et de la cathédrale.

rimouskiorgues@globetrotter.net

Vous aimez la musique métal ?

Vous serez servis à Rimouski ! Depuis le début des années 1990, il se fait et s'entend du métal dans cette ville plus qu'ailleurs au Québec. Blood Stone, Vortex, Obskur, Les Truckers, Astral Gates... une flopée de groupes produisent, endisquent et tournent en spectacle. Surveillez les affiches en ville ou allez fouiller dans les bacs des disquaires.

■ Le **Carrousel international du film** : un festival de films jeunesse qui existe depuis un quart de siècle... et bien plus âgé que son public ! Durant huit jours, on y présente une centaine de films de partout dans le monde, dont une moitié en primeur. Réalisateurs, programmateurs et jurés internatio-naux sont aussi au rendez-vous. L'un des jurys est composé de jeunes de 13 à 16 ans. Colloque professionnel et ateliers scolaires complètent l'emploi du temps de cette semaine de cinéma. Le Carrousel a lieu durant la **dernière semaine de septembre** dans plusieurs cinémas de Rimouski.

Informations : www.carrousel.qc.ca (418) 722-0103

■ Le **Salon du livre** de Rimouski est un classique. Il a été créé en 1964 par un groupe de femmes qui voulait améliorer l'accès à la littérature aux gens de la région. Si la distribution du livre est aujourd'hui plus fluide qu'à l'époque, le salon joue toujours son rôle de vitrine, alléchante, qui suggère des titres aux visiteurs gourmands. Le public y rencontre tous les ans 125 auteurs d'ici et d'ailleurs et peut y feuilleter des ouvrages inscrits aux catalogues de 300 maisons d'édition. Les quatre jours de l'événement ont lieu autour de la **première fin de semaine de novembre** au Centre des congrès de l'Hôtel Rimouski, 225, boul. René-Lepage Est. On doit prévoir un coût d'entrée minime.

Informations : (418) 723-7456 www.salondulivrederimouski.ca

Le **Salon des Métiers d'Art** du Bas-Saint-Laurent regroupe une bonne trentaine d'exposants en métiers d'art tous azimuts. De la confection de petits objets très simples à celle de meubles d'époque, vous y dénicherez des créations d'intérêt. Le salon a lieu à la fin novembre. Surveillez à quel endroit.

Informations : Conseil de la culture www.crbsl.org • (418) 722-6246

Le festival de musique de chambre « Concerts aux îles du Bic » ravissent depuis 2002 les amateurs de ce genre musical. Les instigateurs de ce festival annuel, liés de très près à la vitalité musicale de la région, offrent des concerts de petits ensembles dans plusieurs lieux : l'église du Bic, la chapelle de Saint-Fabien-sur-Mer, le Vieux-Théâtre et l'église de Saint-Fabien et un parterre du parc du Bic. Surveillez la programmation du **premier samedi au deuxième dimanche du mois d'août**.

Informations : Société des Concerts aux îles du Bic/Saint-Fabien • (418) 740-3636 www.bicmusique.com

Nathalie Le Coz

■ **Le Festival de théâtre amateur d'Esprit-Saint** rassemble, sur trois jours, une dizaine de troupes issues de villages de moins de 2 000 habitants du Bas-Saint-Laurent et d'ailleurs au Québec. Ce jeune festival qui mobilise l'église, la salle municipale, le centre des loisirs et la place sur les hauteurs de ce petit village, a quelque chose d'insolite • Événement à la **Fête du travail** • Billets et programmation sur place.

festivaldetheatre@hotmail.com

Esprit-Saint, un village digne

L'absence de médecin et la menace de fermeture de la Caisse populaire du village dans le film *La grande séduction* n'ont rien de caricatural... et la lutte de la communauté pour la survie du village n'a rien de bien neuf non plus. Au début des années 1970, le gouvernement comptait fermer 81 villages au Québec et relocaliser 65 000 personnes... on commence souvent par fermer l'école, le bureau de poste, puis la caisse, puis les subsides à la municipalité, puis plus rien. Esprit-Saint était du nombre. Depuis des années, les habitants de ce village voyaient les compagnies papetières vider littéralement les forêts publiques des alentours alors qu'eux ne parvenaient même pas à obtenir l'autorisation d'opérer une scierie, financée et construite par eux. Ils se sont soulevés. Avec en tête leur curé Jean-Marc Gendron, ils ont monté une « Opération Dignité » : rencontres, stratégies, manifestations, tournage d'un documentaire, dénonciations, alliances avec d'autres villages, tout fut fait, et le village fut sauvé de haute lutte. Esprit-Saint, coude à coude avec Sainte-Paule dans l'arrière-pays de Matane et Les Méchins sur le littoral gaspésien, sont devenus un phare pour le monde rural menacé. Bilan : 13 villages sur 81 ciblés ont fermé à l'époque. Une grande superficie de forêt publique est devenue la Réserve Duchénier, la seule réserve au Québec à être administrée par les villages limitrophes plutôt que par le service des parcs du gouvernement.

Manifestation : Opération Dignité II 1973
UQAR, archives régionales, fonds de la CIPEQ

Le documentaire dont il est question s'intitule **Une forêt pour vivre**. Il a été produit en 1978 par le collectif de production Armeuro en collaboration avec le comité de citoyens de Esprit-Saint, et coréalisé par Eudore Belzile et Rodrigue Beauchesne (43 min). Il est disponible à la Cinémathèque québécoise. À voir !

◗ Grands diffuseurs et institutions

La salle de spectacles Spect'Art de Rimouski,

toute neuve, multidisciplinaire, très belle, présente une excellente acoustique. Sise tout près du musée, elle offre une programmation actuelle et vivante, et participe grandement à créer un véritable centre-ville.

25, rue Saint-Germain Ouest à Rimouski • Billetterie: (418) 724-0800 • www.spectart.com

▨ **L'Orchestre symphonique de l'Estuaire**, mis sur pied en 1993, propose des concerts de musique symphonique à Rimouski et ailleurs dans l'est du Québec. Il est le seul orchestre professionnel à desservir cette région, rarement visitée par d'autres orchestres.

540, rue Saint-Germain Est
Rimouski • (418) 725-5354
www.ose.qc.ca

▨ Enfin, l'**Orchestre des Jeunes du Québec Maritime** est né! Plusieurs écoles de musique de la région et le Conservatoire de Rimouski ont soutenu sa création, convaincus qu'un tel orchestre est essentiel à la formation musicale. Il draine et prépare les talents du vaste territoire que représentent le Bas-Saint-Laurent, la Côte-Nord et la Gaspésie. Sous la baguette de James Darling, l'OJQM donne des concerts publics.

(418) 723-7715 • ojqm@globetrotter.net

Le Musée régional de Rimouski

Logé dans la plus ancienne église de la région rimouskoise, offre des expositions en art contemporain, en histoire et en sciences. Ses propres collections, notamment en art et en photographie ancienne, alimentent plusieurs de ses expositions thématiques. Le musée garde un œil sur le dynamisme de la communauté qu'il dessert et présente à l'occasion des expositions d'artistes de la région.

35, boul. Saint-Germain Ouest
(418) 724-2272 • www.museerimouski.qc.ca

Steve Leroux

L'OJQM dirigé par James Darling

Le Théâtre les gens d'en bas voit le jour en 1973. Depuis 1989, la compagnie présente des spectacles à l'année au **Théâtre du Bic.** Le théâtre produit ses propres spectacles, accueille des compagnies invitées et fait des tournées. Les gens d'en bas montent des textes du répertoire mondial et réservent un pan de leur programmation à des créations d'auteurs québécois, notamment régionaux. La compagnie présente à l'occasion des productions communautaires qui rassemblent jeunes élèves et amateurs.

50, route du Golf au Bic • (418) 736-4141 • www.theatredubic.com

Jean Albert

Scène tirée d'une production communautaire (2004) de *La nuit des tisons gros comme des grêlons*, un texte de **Denis LeBlond**, dramaturge et pédagogue du Bas-du-fleuve, et l'un des fondateurs du Théâtre les gens d'en bas. La pièce est une fresque épique avec en toile de fond le feu de Rimouski de mai 1950. Elle raconte l'histoire mouvementée d'une famille ouvrière qui se perd, se cherche et se retrouve au cours de cette nuit tumultueuse où le tiers de la ville a été rasée par le feu. Mise en scène de **Eudore Belzile**, comédien et directeur artistique, production du Théâtre les gens d'en bas.

■ **Paul-Émile Saulnier** • Dessin et sculpture cohabitent dans les installations de cet artiste. Il a recours à des objets réalisés en atelier et des objets usinés qu'il modifie. Ses œuvres monumentales comportent un caractère répétitif, compulsif. De grands frontons noirs, des cubes, des micros, des bidons, des bobines de fil, érigés comme des réseaux de symboles, réfèrent à l'histoire industrielle ou guerrière, à la mémoire. De petits paquets de journaux au sol, soigneusement ficelés, sont incorporés à toutes ses installations, comme une signature.

Rimouski • (418) 723-3175
saulcot@globetrotter.net

Suzanne Valotaire. *Battements d'âmes* (sculpture : Karine Ouellet)

■ **Suzanne Valotaire** • Cinq cycles de performances caractérisent son parcours artistique depuis 1982. Fondées sur une démarche essentiellement autobiographique, ces performances l'ont amenée à utiliser tour à tour l'image, le corps, la parole, l'écriture, l'objet. Aujourd'hui, Suzanne Valotaire travaille en fonction de contextes spécifiques ou en faisant appel aux autres comme source de contenu et de matière.

Rimouski • membre du regroupement *Voir à l'Est*

Paul-Émile Saulnier. *L'Enclave*

Photo de tournage de *Western Side* avec Hugues Fournier

La Coopérative de solidarité Paradis

L'un des ventricules du cœur du Rimouski culturel. Sise dans l'ancien cinéma Audito dans le quartier Saint-Robert, elle redonne vie à un lieu très fréquenté autrefois. Le Paradis abrite cinq organismes évoluant dans plusieurs disciplines. Vous y verrez donc du cinéma, et du bon ! des expositions en art actuel, du théâtre, et vous y entendrez de la musique. Pour sentir le pouls des créateurs d'avant-garde au Bas-Saint-Laurent, montez vite au Paradis !

274, rue Michaud à Rimouski

Paraloeil cinéma et centre de production travaille sur deux plans. Il diffuse à l'année des bandes vidéo et des films expérimentaux, des documentaires qui traitent d'art ou de questions sociales. Paralo*eil* offre un cinéma de répertoire hors du commun dans l'est du Québec. Aussi, Paralo*eil* rend accessible de l'équipement et des services pour la création en arts médiatiques et nouveaux médias. Les professionnels aussi bien que les débutants ou même les amateurs y trouvent les moyens de créer et d'y puiser des conseils. En quelques années, Paralo*eil* est devenu un véritable vivier de cinéastes.

(418) 725-0211 • www.paraloeil.com

Le dynamisme de **Para***loeil* tient à l'engagement de passionnés du cinéma, notamment sa fondatrice et vidéaste **Françoise Dugré**. Parmi les premiers films soutenus chez Para-*loeil*, nommons **H²O ma terre** de **Jacques Bérubé**, qui suit en beauté la création d'artistes **in situ** lors d'un symposium en Gaspésie. Puis, le flambeau est repris par **Claude Fortin**, réalisateur de **100 % Bio** qui se met lui-même en scène avec Serge Laprade dans une étonnante histoire d'amitié. Chez les plus jeunes, **Thomy Laporte** collabore régulièrement à la production de films, soit à l'image, à la scénarisation ou la réalisation. Initiateur du mouvement **Kino** à Rimouski, **Hugues Fournier** a tourné, entre autres courts métrages, **Le Pigeon** et **Western Side**. Ses films traitent, avec beaucoup d'humour parfois, de communication et de solidarité.

Les promenades historiques de Rimouski

Une trentaine de panneaux d'information de nature historique et patrimoniale dans la ville documentent les promenades des congrégations, du manoir près de la rivière, de la rue de l'Évêché et des villas. Une brochure plus élaborée est disponible au bureau d'information touristique ou au Musée régional.

■ **Jean-Philippe Roy** • Empruntant à la maquette, au mobilier, au monument ou à l'architecture, les espaces imaginaires créés par Jean-Philippe Roy proviennent de modèles culturels finement étudiés aussi bien que d'impressions ou de souvenirs fugitifs. Pour ce jeune artiste, la technique est le point de contact entre la pensée et l'action. Ses œuvres sont autant de tentatives pour rendre indissociables la fiction et la réalité.

Caravansérail est un centre d'artistes en arts visuels. Il monte et présente des expositions toute l'année dans sa salle au Paradis, et à l'occasion à l'extérieur... sur la banquise en face de Rimouski en février au beau milieu des cabanes de pêche blanche, ou ailleurs en ville durant l'été. L'accent est mis sur la présentation du travail d'artistes de la relève. Caravansérail accueille des artistes de toutes les régions du Québec en résidence.

(418) 722-0846
caravanserail@globetrotter.net

Jean-Philippe Roy. *Histoires aveugles*

Nadia Ross utilise la photo comme on emploie la langue pour exprimer une opinion, sa perception de la réalité, ou signifier un état de choses. Le choix de ses sujets, celui de l'appareil et de la technique employés et des montages au tirage sont tous assujettis au message à livrer. Même le choix du lieu d'exposition n'est pas fortuit : l'artiste a récemment exposé dans des espaces publicitaires de toilettes à Rimouski !

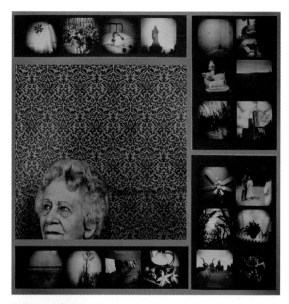

Nadia Ross. *Mémoire*

Karine Ouellet. *Trapéziste* (détail)

Karine Ouellet poursuit une pratique en sculpture et vidéo d'art. En sculpture, elle mixe plexiglas et textile. Elle fait ployer l'un et résister l'autre. La tension est réelle. Elle effleure au passage les représentations organiques, sans jamais s'y fixer.

Le collectif Tour de Bras

stimule la création et la diffusion des musiques actuelles, électroacoustique, nouvelle lutherie, nouvelle chanson, musique improvisée, etc. Il offre un champ ouvert d'activités telles l'organisation de spectacles, la commande d'œuvres, la diffusion via Internet, la production de disques ou la tenue d'ateliers-formations. **www.tourdebras.com**

Concert avec James Darling à Saint-Fabien. « Dix situations précaires » présenté au Vieux théâtre de Saint-Fabien lors des *Rencontres de musiques spontanées* en juin 2006, un événement signé **Tour de Bras**. Parmi les musiciens qui gravitent autour de ces rencontres, nommons le groupe d'improvisation acoustique **Tutu Combo**, le groupe **Power** qui donne dans l'improvisation « bruitiste » très électronique, et la **Baratte à beurre**, un groupe de musique traditionnelle.

Le Mouton Noir

est un journal d'opinion qui paraît huit fois l'an depuis 1995. Publié par les **Éditions du berger blanc** et tiré à 10 000 exemplaires, il est distribué gratuitement dans le Bas-Saint-Laurent et en Gaspésie. On le trouve un peu partout en kiosque ailleurs au Québec. Des libres penseurs, des gens de culture et de société, des citoyens désireux d'exprimer un point de vue ont créé cette tribune et la maintiennent pour débattre de questions que n'abordent pas les hebdos régionaux avalés par l'empire Quebecor. Si l'on veut palper ce qui occupe les esprits et savoir ce qui se passe sur la scène culturelle dans l'est du Québec, la lecture du *Mouton Noir* est incontournable.

(418) 724-6647
www.moutonnoir.com

Les Productions de l'Exil

ont été fondées récemment par des jeunes qui, justement, refusent l'exil. Déterminée à exercer son métier dans le Bas-Saint-Laurent, non loin de la troupe de théâtre « des gens d'en bas » du Bic qu'elle avoisine et avec laquelle elle collabore, cette troupe monte ses propres créations présentées au Paradis. Ces passionnés, en créant une nouvelle compagnie de théâtre, drainent le renouveau du réseau des jeunes artistes professionnels de la région. C'est effervescent !
treatrelex@hotmail.com

Scène de *La théorie du docteur Jack* de **Cédric Landry** au Paradis en 2006. Ce jeune dramaturge, Madelinot d'origine, est fondateur de la Ligue d'improvisation de Rimouski et des Productions de l'Exil. Son écriture forte, mélange de genres, emprunte parfois des accents au théâtre de l'absurde, ou révèle des personnages colorés et fiers.

Artistes et artisans

en ateliers, en galeries ou en boutiques

Fernande Forest, artiste et graphiste, aime à montrer les similitudes entre l'être humain et la nature, leur temporalité, la poésie qu'évoque une lecture différente du corps et de la terre. Ses installations **in situ** ou ses œuvres alliant photo numérique et dessin sont tissées d'anecdotes, de liens qu'elle fait entre les objets et les gens au moment de créer... et qu'elle raconte après!

Rimouski • Membre du regroupement Voir à l'Est

Fernande Forest lors de l'installation

Lorsque le dur et le coupant rencontrent le mou et le coulant

212

Steve Leroux, artiste et photographe de scène, construit une forme de géographie personnelle où il documente un quotidien tramé d'états de bonheur, d'incertitude, d'errance et de vacuité. Il capte des images qui parfois en appellent d'autres et qu'il greffe ensemble. Au tirage, dimensions, assemblage, mise en forme constituent une autre étape narrative.

Steve Leroux. *Suspension*

VoRo, Vincent Rioux de son vrai nom, a une vocation : la bande dessinée. Il est allé en France, il a séjourné et étudié à Bruxelles, puis il est revenu au Bic où il a d'abord réalisé **La Mare au diable**. Cet album publié aux Éditions 400 Coups a raflé des prix. Depuis, il a créé **Tard dans la nuit**, une série de trois albums publiée chez Vents d'Ouest en France. L'action se situe autour de 1940 dans un petit village de l'est du Québec. Ouvrez l'œil! Vous y reconnaîtrez le Bic.

Le havre du Bic à la tombée du jour

■ **François Delaney** • Choisis pour une lumière, un ciel ou des couleurs particulières, les paysages de cet artiste suggèrent de prendre le temps de regarder. Il aime l'aquarelle sur papier pour la liberté du geste. Il travaille aussi des séries d'acryliques sur bois. **Saint-Fabien • (418) 869-2211**

■ **Marie Voyer**, peintre de la nature, tient galerie et enseigne son art à Rimouski. Une gestuelle vigoureuse marque son style. Les couleurs, saisissantes, soutiennent l'élan chez cette artiste. Fleurs, scènes marines et rurales sont ses sujets de prédilection. **Rimouski • www.marievoyer.com • (418) 723-1448**

Les îles encore (Marie Voyer)

Le maître d'œuvre du Trimural du millénaire qui trône sur le parterre du parc Beauséjour est le sculpteur **Roger Langevin**. Mais il ne l'a pas fait seul! Les Rimouskois de tous âges ont suggéré des images et des dessins sur les thèmes de la terre, l'eau et l'air qu'ils souhaitaient voir apparaître sur les fresques. Puis, les artistes Odette Saint-Arnaud, Yvon Lavoie, Marquise Leblanc, Christian Girouard, Jacques Bodard et Hélène Couture ont façonné, moulé et coulé cette œuvre monumentale.

Rimouski • roger_langevin@uqar.ca

Détail du Trimural du millénaire

■ **Gisèle Teyssier** aime capter l'intensité du quotidien dans ses moindres détails, ses joies les plus simples, au détour de la rue ou de son coin de pays : la peinture qui s'écaille, les courbes d'un champ de blé, le linge qui claque. Elle décompose et recompose le paysage et donne à voir le tableau qui s'y cache. Elle mixe les images et les matières sous formes de photomontages, d'objets en bois et des meubles qu'elle colore de nature.

**Mardi au vendredi de 13 h à 18 h et samedi de 11 h à 17 h toute l'année.
10, rue de l'Évêché-Est à Rimouski (418) 722-4035
gisele.teyssier@globetrotter.net**

Gisèle Teyssier. *Herbe*

Louis St-Cyr se démarque dès qu'il débute sa carrière de sculpteur. Amoureux des oiseaux, il en fait d'abord des sculptures de bois hyper réalistes. Il gagne des prix, se perfectionne et croit aux vertus du travail. Peu à peu, son style change : ses formes et leurs mouvements sont plus stylisés. Certaines de ses œuvres sont reproduites en bronze. www.sculptureest-cyr.com

Louis St-Cyr. *Bernache*

CRÉATIONS MANON LORTIE

Manon Lortie, chapelière, designer et visagiste crée des chapeaux de paille, de feutre, de dentelle et de fourrure appliquée sur le feutre. Ses chapeaux, uniques, sont des petites sculptures façonnées suivant l'inspiration du moment, le mouvement et l'équilibre provoqués par la matière, l'empathie qui accompagne la conception de chapeaux personnalisés.

De 10 h à 18 h en saison ou sur rendez-vous.
151, chemin du fleuve Est à Sainte-Luce-sur-Mer
(418) 739-4274 • www.creationsmanonlortie.com

Auteurs et vie littéraire

■ **Paul Chanel Malenfant** • Un grand poète est né, écrit, enseigne et stimule le rayonnement de la littérature québécoise au Bas-Saint-Laurent. Cet homme de lettres ne compte plus les éloges de ses pairs ni les prix, dont le prestigieux prix du Gouverneur général (2001). Il a publié au-delà d'une quinzaine de recueils de poésie, des œuvres de fiction, des anthologies et des essais.

■ **Micheline Morisset** • Qu'elle s'exerce au roman, à l'essai-fiction ou à la nouvelle, l'écriture de Micheline Morisset est empreinte de poésie, d'un lyrisme contenu. Elle parle de l'absence, de la vieillesse, de la complexité des relations familiales avec une telle délicatesse que le propos n'en est que plus émouvant. Elle a publié aux Éditions TROIS, Nota Bene et chez Québec-Amérique. Son dernier titre : **La musique, exactement**. Née à Mont-Joli, Micheline Morisset participe très activement à la vie littéraire de la région rimouskoise.

■ **Jean Bédard** • Essayiste et romancier, est philosophe de formation et travailleur social reconnu au Québec pour sa vision globale de la détresse sociale, particulièrement chez les jeunes. Il puise dans l'histoire de la pensée des pistes pour comprendre et contrer ce phénomène. Ces mêmes recherches donnent l'amorce à des romans qui nous présentent des hommes et des femmes intelligents, vivant pleinement leur spiritualité, et foncièrement engagés. *Maître Eckhart*, un esprit libre du 14e siècle européen, a inspiré le premier roman de Jean Bédard qui a reçu un accueil unanime. L'œuvre de Bédard est majeure, tant sur les plans littéraire, historique et philosophique que spirituel.

Le petit bottin culturel de Rimouski-Neigette et de la Haute-Mitis

Événements à surveiller

La Feste Médiévale de Saint-Marcellin la 3ᵉ fin de semaine d'août.

Programme estival du **Vieux Théâtre de Saint-Fabien** 112, 1ʳᵉ rue

La programmation du **Cinéma 4** · Cinéma répertoire à Rimouski

Le concours de sculptures de sable à Sainte-Luce, pour tous 4ᵉ fin de semaine de juillet

Autres lieux à découvrir

Le Parc de l'aventure basque en Amérique
La Maison Lamontagne · Retour dans le quotidien des 17ᵉ et 18ᵉ siècles sous le régime français · Visite guidée en haute saison 707, boul. du Rivage (route 132) à Rimouski Est

Arts Visuels des Murailles · Galerie d'art et atelier des amateurs d'art de Saint-Fabien et des alentours, tenus par Diane Hudon 94, 4ᵉ rue à Saint-Fabien

La galerie Basque expose à l'année une trentaine d'artistes québécois d'expérience, dont les œuvres de Basque · 1402, boul. Saint-Germain Ouest (route 132) à Rimouski · (418) 723-1321

Adresses utiles

L' **École de musique du Bas-Saint-Laurent** à Rimouski **www.ecoledemusiquebsl.qc.ca**

Le **Conservatoire de musique de Rimouski** 100, rue de l'Évêché Ouest · (418) 727-3706

L' **École de danse Quatre Temps** à Rimouski · **www.edqt.qc.ca**

Le **Conseil de la Culture** et la **Corporation des Métiers d'art du Bas-Saint-Laurent** - regroupements régionaux des professionnels de la culture · **www.crbsl.org**

Le **Regroupement des organisateurs de spectacles de l'est du Québec** · **www.roseq.qc.ca**

L'**Université du Québec à Rimouski** · bibliothèque, centre d'archives et presses universitaires

La **Bibliothèque municipale Lisette-Morin** · (418) 724-3164 le **Centre de recherche en généalogie et d'archives de Rimouski** 110, de l'Évêché E. · **www.sgar.org** · (418) 724-3242

BIBLIOGRAPHIE

Albert, Félix, *Histoire d'une enfant pauvre* (écrit en 1909), The University of Maine Press, 1991.

Barbeau, Marius, «Toponymie québécoise», Troisième congrès international de toponymie & d'anthroponymie (Bruxelles 1949), volume 2, actes et mémoires, Louvain, 1951.

Buies, Arthur, *Petites chroniques du Bas-du-Fleuve*, Éditions Trois-Pistoles, 2003.

Chouinard, Laurent, *Histoire de Saint-Épiphane 1870-1970*, Édition du Centenaire par une équipe de paroissiens, 1970.

Croteau, André, *Les îles du Saint-Laurent*, Éditions du Trécarré, 1995.

Deschênes, Gaston, *L'année des Anglais la côte-du-sud à l'heure de la conquête*, Les Éditions du Pélican/Septentrion, coll. «Histoire des pays», n° 1, 1988.

Fortin, Jean-Charles, Antonio Levasseur et coll., *Histoire du Bas-Saint-Laurent*, Institut québécois de recherche sur la culture, coll. «Les régions du Québec», 2003.

Gauvreau, Charles-Arthur, *Au bord du Saint-Laurent (histoires et légendes)*, Centre d'édition des Basques, 1998.

Guay, Lorraine, *À la découverte des îles du Saint-Laurent de Cataracoui à Anticosti*, Septentrion, coll. «Cahiers des Amériques», 2003.

Jean, Régis, *Rivière-du-Loup • De la mission à la cité*, Musée du Bas-Saint-Laurent, 1987.

Laframboise, Yves, *Circuits pittoresques du Québec: paysage, architecture, histoire*, Montréal, Éditions de l'Homme, 2000 ou *Villages pittoresques du Québec: guide de charmes et d'attraits*, 2004.

Lafrenière, Normand, *Gardien de phare dans le Saint-Laurent • Un métier disparu*, Dundurn Press, Toronto & Oxford, 1996.

Larocque, Paul et coll., *Parcours historiques dans la région touristique du Bas-Saint-Laurent*, GRIDEQ, Université du Québec à Rimouski, 1994.

Larocque, Paul, et coll., *Rimouski depuis ses origines*, Société d'histoire du Bas-Saint-Laurent et Société de généalogie et d'archives de Rimouski, GRIDEQ, 2006.

Lonergan, David, *Paroles de l'Est Anthologie de la littérature de l'Est du Québec*, EDITEQ, 1993.

La cuisine raisonnée, École ménagère de Saint-Pascal, 1919.

Martin, Paul-Louis, *Rivière-du-Loup et son portage: itinéraire culturel*, 1977.

Mathieu, Jacques, *La remontée du Saint-Laurent: témoignages de voyageurs (1500-1763)*, Rapports et mémoires de recherche du CELAT, n° 4, juin 1984.

Maurais, Pierrette, Lucie Dallaire et Sylvain Thiboutot, *Le Kamouraska à voir! Un guide historique et touristique*, Corporation touristique du Kamouraska, 1985; réédition 1994.

Michaud, Ghislain, *Les gardiens des portages • L'histoire des Malécites du Québec*, Les Éditions GID, 2003.

Ouellet, Bernard, Caron-Robichaud, Charlotte, «La région du Transcontinental à l'heure de la prohibition (L'histoire du «bootlegging»)», *Le Javelier*, revue de la Société historique de la Côte-du-Sud, volume XXI, n° 3, septembre 2005, (recherche effectuée pour la Chambre de commerce de Rivière-Bleue en 1983).

Ouellet, Cécile et Yvan Chouinard, *Autour des îles du Saint-Laurent*, Publications du Québec, 1984.

Ouellet, Jean-Louis, *Si Cabano vous était raconté! 1898-2000*, Cabano, 2000.

Paradis, Alexandre, p.m.é., *Kamouraska (1674-1948)*, Québec, 1948; réédition par le Conseil de la Fabrique de la paroisse, Kamouraska, 1984.

Porter, John R., Désy, Léopold, *Calvaires et croix de chemin*, Hurtubise HMH, coll. «*Les Cahiers du Québec*», 1973.

Reford, Alexander, *Villégiature anglophone au Bas-Saint-Laurent: Métis-sur-Mer, Saint-Patrice et Cacouna*, Société d'histoire du Bas-Saint-Laurent, GRIDEQ et Héritage Bas-Saint-Laurent, Université du Québec à Rimouski, coll. «Les Cahiers de l'Estuaire», n° 1, 2002.

Rheault, Pascal-Andrée et Gilles Gaudreau, *Itinéraire et découvertes culturelles au Bas-Saint-Laurent*, Centre d'édition des Basques, 1999.

Roy, Yvan et Paul Wyczynski, *Nelligan à Cacouna*, Épik, Cacouna, 2004.

Saindon, Laurent, *Aux origines de Notre-Dame-du-Portage*, Notre-Dame-du-Portage, 1981.

Viel, Jean-David, *Guide écotouristique du Bas-Saint-Laurent*, Les Éditions Lumec, 1996.

■ ■ ■

Comité des fêtes du bicentenaire, *C'est notre histoire... Saint-André de Kamouraska de 1633 à 1991*, 1991.

Comité du Centenaire, *Saint-Clément 1881-1981*, Rivière-du-Loup, 1981.

Corporation de développement économique et touristique de L'Isle-Verte, *Le circuit patrimonial de l'Isle-Verte* (The L'Isle-Verte heritage walk), 2000.

Opération Héritage Kamouraska, *Kamouraska Raconte-moi le doux pays!*, notes sur l'exposition, 2000.

CRÉDITS

Dans la plupart des cas, les crédits photographiques sont indiqués sur la page même où est reproduite la photo. Pour des raisons de mise en pages, il reste des cas pour lesquels il était impossible d'intégrer ces données dans le montage. On les retrouvera donc dans la liste qui suit.

Nathalie Le Coz : pages 2, 12-13, 61 (église à R.-d.-L.), 66, 105 (lac Témiscouata), 139, 161 (les quatre photos), 164 (les deux photos), 173 (enfants au bord de la mer) ;

Publiphoto : 100-101 (Notre-Dame-du-Lac, Lac Témiscouata, © Jean-Claude Hurni/Publiphoto) ; 134-135 (Trois-Pistoles © Paul G. Adam/Publiphoto) ; 166-167 (Parc-du-Bic, © Yves Marcoux/Publiphoto) ;

Cartes (Julie Benoit, géographe) : 6, 16, 60, 104, 138, 172 ;

Cartes du Sentier National : 120, 151 ;

p. 17 : photo de Katerine Lebel Michaud

p. 20 : Éperlan arc-en-ciel, © Guy Trencia

p. 25 : Pont couvert du Collège (1919) sur la rivière Ouelle à Saint-Onésimed'Ixworth, Serge Bazinet, © Le Québec en image/CCDMD

p. 27 : Installations pour la pêche à l'anguille, La Pocatière, Pilar Macias, © Le Québec en image/CCDMD

p. 33 : Ancien moulin à farine situé sur la route reliant Saint-Pascal à Kamouraska, Hervé Voyer, © Le Québec en image/CCDMD

p. 34 : Manoir et vieux moulin, Pointe Sèche, Saint-Germain-de-Kamouraska, *ca* 1910 © Photo : Mrs. W. D. Lighthall (?), Archives photographiques Notman, Musée McCord, Montréal ; Don de David Ross McCord (N° MP-0000.1551.11)

p. 44 : *Mountain near Camouraska (sic). Islette*, George Heriot, *ca* 1810 ; aquarelle et graphite, 11,4 × 39,2 cm, © Musée McCord, Montréal ; Don de Madame J. C. A. Heriot (N° M928.92.1.13.2)

p. 54 Détail de la façade du collège, La Pocatière, Denis Chabot, © Le Québec en image/CCDMD ; maison et église : photo de Nathalie Le Coz

p. 56 et 57 : photo de Mélanie Doré

p. 59 : Rivière-du-Loup, *ca* 1925 © Photo : Archives photographiques Notman, Musée McCord, Montréal ; Don de Stanley G. Triggs (N° MP-0000.25.332)

p. 61 : (fleur) photo de Francis Pelletier ; Rivière-du-Loup, Gaétan Beaulieu, © Le Québec en image/CCDMD

p. 70 : Harfang des neiges, Pointe-au-Père, Jacques Larivée, © Le Québec en image/CCDMD

p. 72 : Missie Harriet Frotingham avec son chien, Cacouna, 1871, © Photo : William Notman, Archives photographiques Notman, Musée McCord, Montréal ; Don de Miss E. Dorohy Benson (N° N-1986.5.1.27)

p. 78 : Locomotive Birkenhead n° 50, « Nelson », du chemin de fer du Grand Tronc, Rivière-du-Loup, *ca* 1860, © Photo : William Notman, Archives photographiques Notman, Musée McCord, Montréal (N° N-0000.5.25)

p. 79 : Rivière, barrage et pont ferroviaire, Rivière-du-Loup, *ca* 1870, © Photo : Alexander Henderson, Archives photographiques Notman, Musée McCord, Montréal ; Don de Miss E. Dorothy Benson (N° MP-0000.1452.116)

p. 103 : Chez Cloutier, Lac Témiscouata, 1915, © Photo : William Notman & Son, Archives photographiques Notman, Musée McCord, Montréal ; Achat Associated Screen News Ltd (N° View-5473.1)

p. 105 : (deux personnes au bord du lac et promeneur en forêt) photos de Bertrand Lavoie

p. 115 : Pont de la piste cyclable « Le Petit Témis » qui longe le lac Témiscouata, Gaétan Beaulieu, © Le Québec en image/CCDMD

p. 122 : Grey Owl (Archibald Stansfeld Belaney) nourrissant un castor, © Hulton-Deutsch Collection/Corbis

p. 142 : (oiseaux) iStockphoto ; (fleur) iStockphoto ; Abbé Léon Provancher, © Collection Provancher, Université Laval

p. 144 : Vue des abords du fleuve Saint-Laurent, dans les environs de Saint-Simon-sur-mer, © Colocho / Wikimedia Commons

p. 154 : *Lecture au bord de la mer. Trois-Pistoles*, Joseph-Charles Franchère, 1900 ; huile sur toile, 41 × 56,5 cm, © Photo : Patrick Altman ; Musée national des beaux-arts du Québec, Québec (N° 34.145)

p. 173 : (Très Haute Mitis) photo de Guylain Timmons

p. 177 : Joseph-Charles Taché (1820-1894), © Musée de la civilisation, fonds d'archives du Séminaire de Québec (Ph1987-2148)

p. 178 : Gianni cherche photo de voile

p. 181 : *Bicquette*, Henry Richard S. Bunnett, 1885-1889 ; aquarelle, 17,2 × 26,5 cm, © Musée McCord, Montréal ; Don de Monsieur Châteauguay Perrault et Madame Valérie Migneault Perrault (N° M999.54.24)

ACHEVÉ D'IMPRIMER SUR LES PRESSES

DE K2 IMPRESSIONS EN MAI 2007